Inhalt

Lass es spuken!

Im Inselreich Großbritannien soll es sie ja noch immer geben, die alten Häuser, Burgen und Schlösser, in denen es kräftig spukt; wo Geister nachts heulend durch die Flure huschen; wo Gespenster mit Ketten rasseln, und wo die eingeschüchterten Hausbewohner vor Angst mit den Zähnen klappern oder gar entsetzt das Weite suchen.

Nur weil uns echte Geister und Gespenster schnöde im Stich lassen und durch Abwesenheit glänzen, musst du auf Spuk und Gänsehaut noch lange nicht verzichten.

Dieses Buch liefert dir eine Menge gruseliger Ideen dazu, wie und womit du dein Zimmer in ein kleines Spukschloss verwandeln, sowie Vorschläge und Anregungen, wie du deinen Freunden jederzeit einen kalten Schauer über den Rücken jagen kannst. Und wenn du statt einer „normalen" Fete lieber einmal eine richtig schaurige Gruselparty feiern möchtest, findest du auf den nachfolgenden Seiten ebenfalls alles, was du dazu brauchst.

Dass sich Unheimliches nicht nur in der Fantasie oder in Filmen abspielt, sondern auch im wirklichen Leben, belegen die schaurigen Geschichten in diesem Buch. Sie beruhen alle auf tatsächlich passierten Ereignissen - vorausgesetzt, dass man den Zeitungen und anderen Zeugen glauben kann. Ob du sie alleine liest oder im Kreis deiner Freunde - sie sorgen auf jeden Fall für eine dicke Gänsehaut. Also behaupte hinterher ja nicht, wir hätten dich nicht gewarnt!

Wichtig: Dir macht Gruseliges und Unheimliches Spaß, deinen Freunden und Freundinnen auch. Trotzdem soll es Leute geben, die für derlei Scherze absolut nichts übrig haben. Lass sie auf ihre Weise glücklich werden und verschone sie mit deinen schaurigen Streichen. Das erspart dir womöglich eine Menge Ärger.

Und denk dran, dass kleine Kinder unheimliche Dinge oft viel ernster nehmen und sich schneller fürchten als du und deine Freunde. Ihnen Angst einzujagen, mag auf den ersten Blick vielleicht verlockend sein. Fair ist das aber nicht sondern fies und gemein. Vergiss nicht, dass du vor gar nicht langer Zeit auch noch klein und leicht zu erschrecken warst. Also Finger weg von allen, die jünger und ängstlicher sind als du.

Die unheimliche Hand

Eine Hand ist die normalste Sache der Welt und absolut nicht unheimlich - solange sie an einem Arm hängt! Wenn sie allerdings ganz ohne Arm und Mensch irgendwo herumliegt, jagt sie denen, die sie finden, mit Sicherheit einen ziemlichen Schrecken ein.

Du brauchst dazu:
Gips
1 Gummihandschuh
Farbe
eventuell:
Make-up
künstliche Fingernägel
(Kunst-)Fellreste
Klebstoff

So eine herrenlose Hand kannst du dir ganz einfach selbst herstellen: Rühre den Gips nach der Vorschrift auf der Packung mit Wasser an und gieße die Masse dann sorgfältig in einen Gummihandschuh. Achte darauf, dass jeder einzelne Finger vollständig ausgefüllt ist. Anschließend hängst du den Handschuh mit dem offenen Ende nach oben zum Trocknen auf.

Sobald der Gips trocken ist, löst du die Hand vorsichtig aus dem Handschuh heraus und malst sie fleischfarben an. Besonders echt wirkt sie, wenn du statt der Farbe Make-up verwendest.

Noch realistischer wird die Hand, wenn du ihr künstliche Fingernägel (gibt es in Drogerien) aufklebst. Mit etwas farbigem Nagellack erhältst du eine „perfekte" Frauenhand.

Noch schauriger wird die Hand, wenn du den Stumpf mit roter Farbe oder Ketchup verzierst. Sie sieht dann wie frisch abgehackt aus.

Sie lässt sich aber auch in eine garstige Werwolf-Hand verwandeln. Dazu malst du sie braun an und verzierst sie mit ein paar Stückchen (Kunst-)Pelz.

Gelegenheiten, mit deiner unheimlichen Hand Angst und Schrecken zu verbreiten, gibt es jede Menge. Du kannst die Hand zum Beispiel irgendwo liegen lassen, wo sie mit Sicherheit bald gefunden wird (in einer Schublade, einem Wäschekorb, einem Kühlschrank, auf einem Kopfkissen, unter einer Bettdecke, etc.). Du kannst sie aber auch so in deine Schulmappe stecken, dass sie herauslugt und allen sofort ins Auge sticht. Außerdem eignet sie sich ganz hervorragend als Dekorationsstück für gruselige Feten.

Und du kannst die künstliche Hand dazu verwenden, jemandem einen schaurigen Streich zu spielen. Dazu steckst du sie in den Ärmel deiner Jacke und hältst sie mit der Hand fest. Nun reichst du sie jemandem zum Händeschütteln. Sobald er sie packt, lässt du sie los. Kannst du dir das entsetzte Gesicht deines Gegenübers vorstellen? Wenn du dazu noch eine schmerzverzerrte Grimasse schneidest und einen grässlichen Schrei loslässt, ist die schaurige Illusion perfekt.

Finger, frisch abgehackt!

Wo eine herrenlose Hand herumliegt, können auch einzelne Finger zu finden sein. Die sehen schrecklich aus, sorgen für reichlich Gänsehaut - und schmecken richtig lecker: schaurige Wurstfinger mit blutrotem Ketchup!

Du brauchst dazu:
kleine Cocktail-Würstchen
halbierte abgezogene Mandeln
Ketchup

1. Halbiere die Cocktail-Würstchen der Länge nach und ritze mit einem Messer jeweils zwei Kerben in die Oberseite. Schneide aber nicht zu tief ein, denn die Kerben sollen nur die Gelenke eines ganz normalen Fingers vortäuschen.

2. An ein Ende der halbierten Würstchen steckst du jeweils eine halbe Mandel. Das sind die Nägel der Würstchenfinger.

3. Die anderen Enden der halbierten Würste betupfst du mit ein bisschen Ketchup. So sehen die Wurstfinger wie frisch abgehackt aus.

Guten Appetit!

Der absolute Schocker

Weil wir gerade bei Fingern sind ...

Wenn du jemandem einmal einen richtigen Schrecken einjagen willst, solltest du diesen Schocker ausprobieren. Der lässt keinen kalt, sorgt für grüne Gesichter und lässt jedes Herz in die Hose rutschen.

„Hört sich gut an!" sagst du. „Danach hab' ich immer schon gesucht!" Na gut, dann mach dich am besten gleich an die Vorbereitung!

Du brauchst dazu:
kleine Schachtel mit Deckel
Watte
weißen Puder
Ketchup

❧ Reibe den Finger mit weißem Puder ein, damit er schön blass aussieht. Auf das „abgeschnittene" Ende des Fingers tupfst du ein bisschen Ketchup oder künstliches Blut. So sieht er wie frisch abgeschnitten aus.

❧ Nimm den Deckel von der Schachtel ab und lege ihn beiseite. Er wird erst später wieder benötigt.

❧ Schneide in den Schachtelboden eine runde Öffnung, die so groß ist, dass du deinen Zeigefinger bequem durchstecken kannst.

❧ Jetzt legst du etwas Watte in die Schachtel, schiebst deinen Finger von unten durch das Loch ins Innere und knickst ihn so ab, dass er auf der Watte liegt.

Nun kann der Spaß beginnen! Du schließt die Schachtel und stellst dich mit schockierter Miene vor dein Streichopfer. Erzähl ihm, dass du gerade eben etwas ganz Grauenhaftes in eurem Keller oder auf der Straße gefunden hast. Mach es recht spannend. Dann öffnest du die Schachtel und präsentierst den abgehackten Finger.

Du kannst sogar noch einen draufsetzen und dein Streichopfer auffordern dein Fundstück anzufassen. „Fühl mal, der ist sogar noch warm!" könntest du sagen.

Wenn der Betreffende all seinen Mut zusammennimmt und den abgeschnittenen Finger misstrauisch und zögernd berührt, lässt du deinen Finger blitzschnell hochschnellen. Achtung, jetzt darfst du dich auf einen gellenden Schreckensschrei gefasst machen!

Die dritte Hand

Wie wäre es, wenn du deine Freunde einmal mit einem kleinen Kunststück verblüffst, das es wirklich in sich hat? Verwandle dich für deinen Auftritt in einen Zauberer, eine Zauberin und bringe dein Publikum zum Staunen.

Du brauchst dazu:
Stoff, 1m x 1m
1 m langen Stock
8 Sicherheitsnadeln
1 Paar beige, steife Gummihandschuhe
Watte
Klebstoff

Und so funktioniert der Trick:

Du streifst den zweiten Handschuh über, schiebst die andere Hand so weit es geht in den angeklebten Handschuh und stellst dich vor dein Publikum.

Erzähle deinen Zuschauern, dass du mit magischen Kräften einen Trick vorführen

So bereitest du den Trick vor:

Breite den Stoff aus, lege den Stock darauf und klappe den Stoffrand einer Seite so um, dass der Stock völlig darunter verschwindet.

Befestige den überlappenden Streifen mit den Sicherheitsnadeln, wie auf der Zeichnung zu sehen ist.

Dann füllst du die Finger des Gummihandschuhs mit der Watte und klebst ihn - je nachdem, ob du links- oder rechtshändig bist - an das linke oder rechte Ende des Stocks so auf den Stoff, dass es aussieht, als steckte eine Hand darin, die den Stock festhält.

wirst, der ziemlich gefährlich ist und bei dem es schon so manchem vor dir übel ergangen ist. Sorge dafür, dass dein Publikum dir gebannt zuhört und überzeuge es, dass du selbst ein bisschen Bammel hast.

Während du so plauderst, ziehst du unbemerkt deine Hand aus dem befestigten Handschuh. Dein Publikum wird das gar nicht mitbekommen, denn es sieht ja so aus, als hieltest du den Stock noch immer mit beiden Händen fest.

Nun sagst du einen Zauberspruch auf.

Dabei wirst du immer unsicherer und deutest an, dass du lieber abbrechen willst, weil böse Kräfte sich in deinen Zauber eingemischt hätten. Während du das sagst, führst du plötzlich deine freie Hand an deinen Hals und umfasst ihn. Du verzerrst dein Gesicht, schnappst kräftig nach Luft und verdrehst die Augen.

Das wirkt! Dein Publikum wird entsetzt aufschreien. Nun kannst du die Hand vom Hals nehmen und übers ganze Gesicht strahlen. Natürlich ist dir nichts passiert - du hast nur alle gerade kräftig an der Nase herumgeführt.

Der heimtückische Greifer

Ein Gast lässt sich erschöpft in einen Sessel fallen. So eine Gruselfete ist eben doch ganz schön aufregend. Da naht auch schon der nächste Schocker: ein heimtückischer Geist treibt sein Unwesen.

Für diesen kleinen Nervenkitzel benötigst du lediglich einen ganz normalen Sessel und ein weißes Laken.

Decke den Sessel mit dem Laken ab, verstecke dich dahinter und warte ab bis sich ein Gast hineinsetzt, um zu verschnaufen. Gönne ihm ruhig eine Schonzeit von ein bis zwei Minuten. Jetzt

steckst du deine Hände unter das Laken, schiebst sie an den Seitenwänden entlang unbemerkt nach vorne und fährst sie plötzlich aus, um dein Streichopfer kräftig zu kitzeln. Ein gleichzeitiger Monsterschrei verstärkt die Wirkung.

Du darfst gespannt sein, wie hoch dein ahnungsloses „Opfer" springt!

Bandagen für die Ewigkeit

Um sie für alle Zeiten vor der Verwesung zu bewahren, haben die alten Ägypter ihre Toten einbalsamiert und kunstvoll zu Mumien bandagiert. Noch heute, viertausend Jahre später, sind einige davon verblüffend gut erhalten und wiederum einige davon können in Museen bewundert werden. Sehen sie nicht absolut unheimlich aus?

Ganz zu schweigen von den hartnäckigen Gerüchten, dass Mumien, deren letzte Ruhestätten von fremder Hand geöffnet wurden, solange umgehen bis sie die Grabschänder ins Jenseits geholt haben! Nicht zuletzt deshalb wirkt eine Mumie gruselig und lässt den Leuten, die sie zu Gesicht bekommen, kalte Schauer über den Rücken laufen und die Haare zu Berge stehen.

Wie die alten Ägypter ihre Toten in Mumien verwandelt haben, ist noch immer nicht vollständig enträtselt. Vielleicht bleibt diese merkwürdige Kunst ja auch für immer ihr Geheimnis.

Aber auch ohne das geheime Wissen der alten Ägypter zu kennen, kannst du dich für ein paar Stunden in eine schaurig-schöne Mumie verwandeln. Das ist gar nicht schwer. Trotzdem solltest du dir von jemandem dabei helfen lassen.

Du brauchst dazu:
jede Menge Verbandsstreifen
Theater- oder Faschingsschminke
5 Teelöffel schwarzen Tee

So wird's gemacht:

Koche den schwarzen Tee mit zwei bis drei Litern Wasser etwa fünf Minuten lang aus. Dann seihst du die Teeblätter ab und weichst deine Verbandsstreifen einige Stunden in der braunen Brühe ein. Nach dem anschließenden Trocknen sehen die Stoffstreifen uralt aus (oder hast du schon einmal eine Mumie mit nagelneuen Bandagen gesehen?).

Die Arme, die Beine, Oberkörper und Unterleib werden getrennt (nur so hast du eine Chance, zwischendurch auch mal zur Toilette zu gehen) mit Verbandsstreifen umwickelt - nicht zu locker, damit die Verkleidung nicht rutscht, aber auch nicht zu fest, damit du dich noch gut bewegen kannst.

Hals und Gesicht werden nicht bandagiert (damit du Luft bekommst und futtern und trinken kannst), sondern stattdessen weiß oder hellgrau geschminkt.
Um die Augen herum trägst du dunkle
Schminke auf. Zum Schluss kommt eine
Bandage um den Kopf - und schon ist
die Mumie perfekt.

Viertausend Jahre in einem Sarkophag
lassen die Muskeln schlapp werden.
Deshalb bewegst du dich als Mumie
beim Gehen natürlich ein wenig steif und
schwerfällig. So wirkt dein Auftritt noch
echter.

Gut gewickelt

**Ob unser Mumienspiel aus dem Alten Ägypten stammt oder erst später erfun-
den wurde, lässt sich heute nicht mehr feststellen. Auf jeden Fall erfordert es
Fingerspitzengefühl und Schnelligkeit - und bringt eine Menge Spaß!**

Jeweils zwei Spieler tun sich zusammen -
eine Mumie und ihr Mumiendoktor. Sobald das Startzeichen gegeben ist, beginnt der Mumiendoktor seine Mumie mit
einer endlosen Bahn Toilettenpapier von
Kopf bis Fuß einzuwickeln. Augen, Mund
und Nase bleiben natürlich frei aber an-
sonsten darf vom Körper nichts mehr zu
sehen sein.

Obwohl der Mumiendoktor sehr schnell
arbeiten muss, hat er gleichzeitig darauf
zu achten, dass das Papier nicht einreißt,
denn dann scheidet das Team nämlich
aus. Gewonnen hat natürlich das Team,
dessen Mumie als Erste perfekt einge-
wickelt ist.

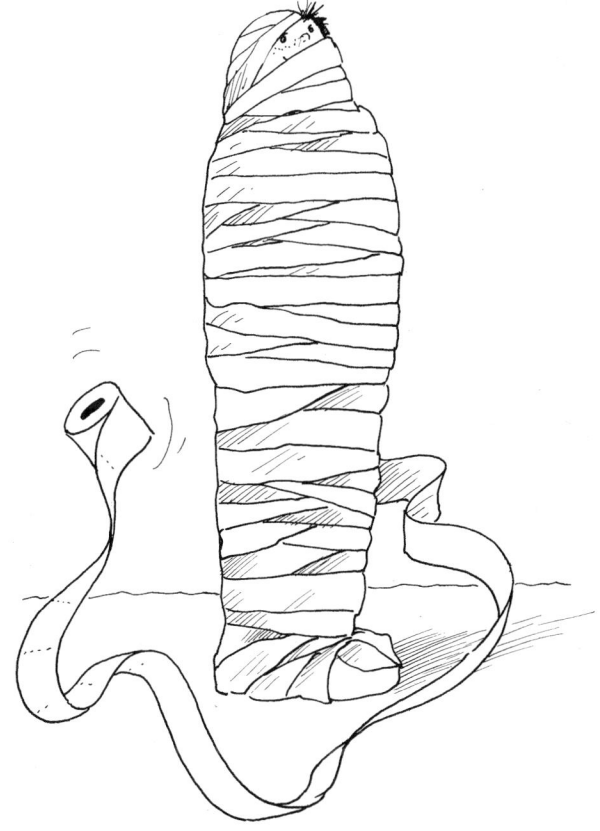

Auf nachtschwarzen Schwingen

Tiere, die tagsüber schlafen und nur nachts aktiv sind, waren uns Menschen schon immer nicht recht geheuer. Ganz besonders gilt dies für Fledermäuse. Weil einige Arten sich von Blut ernähren, das sie anderen Tieren und manchmal sogar Menschen aussaugen, stehen sie im Ruf, mit den sagenumwobenen menschlichen Vampiren verwandt zu sein. Dabei sind die kleinen nächtlichen Flieger im Grunde völlig harmlos.

Nichtsdestotrotz - ein wenig unheimlich sind die lautlosen Nachtschwärmer dennoch und deshalb ein Muss für jede gruselige Dekoration.

Du brauchst dazu:
weißes Papier
Kohlepapier
Bleistift oder Kugelschreiber
schwarzen Karton
schwarzen Faden oder durchsichtigen
Nylonfaden
Klebstoff
Schere
eventuell:
kleine dunkle Kunstpelzstücke
gelbe Leuchtplakafarbe oder gelben Text
marker

Fledermäuse lassen sich ganz einfach herstellen:

Übertrage die Umrisse der abgebildeten Fledermaus mittels Kohlepapier auf ein Blatt Papier. Schneide sie sorgfältig aus. Lege diese Schablone auf festen schwarzen Karton und übertrage die Umrisse beliebig oft. Wenn du keinen schwarzen Karton zur Verfügung hast, tut's auch weißer, den du anschließend schwarz anmalst.

Die Augen schneidest du aus weißem oder gelbem Papier aus und klebst sie an den entsprechenden Stellen auf. Wenn du deine Fledermäuse in einem Raum mit Schwarzlicht „fliegen" lassen willst, sind Augen aus weißem Papier, das du mit gelber Leuchtfarbe anmalst, besonders effektvoll.

Ein Stückchen dunkler Kunstpelz, den du auf die Körper deiner Fledermäuse klebst, lässt sie gleich noch um einiges lebensechter wirken.

Die fertigen Fledermäuse kannst du entweder mit je zwei Stückchen schwarzem Faden oder durchsichtiger Nylonschnur an die Decke gehängt, „fliegen" lassen oder in einer schummrigen Ecke an die Wand kleben.

Zu deiner Beruhigung: Blut saugende Fledermausarten gibt es nur in Mittelamerika. Wenn dir bei uns eine begegnet, gibt es überhaupt keinen Grund, sich zu fürchten. Die kleinen Nachttiere sind harmlos und haben eher Angst vor dir.

Aus dem Grusellexikon: Fledermäuse

Fledermäuse sind beinahe so unheimlich wie Graf Dracula persönlich. Sie fliegen bei Nacht und hängen tagsüber zum Schlafen mit den Köpfen nach unten an dunklen Orten.

Im Gegensatz zu Dracula, ernähren sich die wenigsten Fledermäuse von Blut. Nur in Mittel- und Südamerika gibt es welche, die diese Unsitte des düsteren Grafen aus Transsilvanien teilen. Sie werden - das ist nicht schwer zu erraten - „Vampirfledermäuse" genannt. Sie sind zwischen sechs und neun Zentimeter lang und schlabbern das Blut von Säugetieren. Meistens halten sie sich dabei an Haustiere. Manchmal stillen sie ihren Hunger aber auch an Menschen.

Was für ein Glück, dass es diese Sorte Fledermaus in Europa nicht gibt!

Schaurig, aber wahr: Verlorene Zeit

Wenn du denkst, unheimliche Dinge könnten sich nur in alten Häusern oder deren näherer Umgebung ereignen, liegst du falsch. Kaum zu glauben, aber selbst ein modernes Flugzeug kann den Naturgesetzen einen Streich spielen.

1969 - Florida (USA). Ein vollbesetztes Passagierflugzeug steuert den Flughafen von Miami an. Die Flugüberwachung hat es bereits eingewiesen und beobachtet es auf den Radarbildschirmen. In wenigen Minuten wird die Verkehrsmaschine zur Landung ansetzen.

Da geschieht etwas Unglaubliches! Von einer Sekunde auf die andere ist das anfliegende Flugzeug von den Radarschirmen verschwunden. Spurlos!

Das Bodenpersonal ist in heller Aufregung. Im Tower bricht Hektik aus. An den empfindlichen Geräten werden Knöpfe gedreht, Schalter gedrückt, Leitungen überprüft. Nichts! Kein Hinweis auf einen technischen Fehler und kein Anzeichen von der verloren gegangenen Maschine. Wie gründlich auch gesucht und überprüft wird, das Flugzeug bleibt spurlos verschwunden.

Man rechnet mit dem Allerschlimmsten und glaubt, die Maschine sei abgestürzt. Doch plötzlich, zehn Minuten später, ist das Flugzeug wieder an der gleichen Stelle auf den Schirmen, an der es sich vor dem Verschwinden befunden hatte.

Das Flugzeug landet kurze Zeit später ohne weitere Vorkommnisse.

Allerdings können der Pilot und seine
Crew die Aufregung des Bodenpersonals überhaupt nicht verstehen, denn
ihnen ist während des Fluges absolut nichts Ungewöhnliches aufgefallen.

Dann haben wohl einfach die Geräte verrückt gespielt, versucht man
den sonderbaren Vorfall zu erklären. Doch als die Uhren verglichen
werden, ist die Überraschung perfekt und das Ganze wird jetzt richtig unheimlich: Die Uhren des Piloten, der Crew und selbst die
des Flugzeuges gehen exakt zehn Minuten nach! Die Zeitspanne,
während der die Maschine von den Bildschirmen verschwunden war,
hat für das Flugzeug, die Besatzung und die Passagiere einfach
nicht existiert! Verlorene Zeit.

Natürlich haben sich Techniker und Wissenschaftler seitdem viele
Gedanken über den mysteriösen Vorfall gemacht. Doch eine
schlüssige Erklärung wurde bis heute nicht gefunden.

Es rappelt im Kuvert

Wer wird nicht neugierig werden, wenn du erzählst, du hättest echte Klapper-schlangeneier in deiner Schultasche? Mit geheimnisvoller Miene und den Worten „Hier sind sie drin. Aber Vorsicht, sie können jeden Moment schlüp-fen!" ziehst du ein Kuvert aus der Tasche und überreichst es deinem Streichopfer. Wenn es den Umschlag öffnet, muss es sich auf einen gehörigen Schrecken gefasst machen!

Du brauchst dazu:
1 Unterlegscheibe aus Metall, mind. so groß wie ein Zehnpfennigstück
2 Gummiringe
schwarzen Filzstift
1 Briefumschlag (DIN C6 lang ohne Fenster)
1 Bogen Zeichenkarton DIN A4
Bürohefter

einen Drucker zu Hause habt, kannst du die Aufschrift auch damit erstellen. Gedruckt wirkt sie nämlich um einiges beeindruckender.

Natürlich hast du keine Eier im Kuvert und von Klapperschlangen schon gar nicht. Stattdessen hast du einen Streich vorbereitet, der deinen Freunden die Haare zu Berge stehen lassen wird.

Mit dem Filzstift schreibst du auf die Vorderseite des Briefumschlages fein säuberlich: „Vorsicht!" oder „Gefährlicher Inhalt" oder „Enthält Klapperschlangenei-er" oder „Tödliche Gefahr!" oder etwas Ähnliches. Wenn ihr einen Computer und

Den Zeichenkarton faltest du so wie auf der Skizze gezeigt.

Nun befestigst du die beiden Gummiringe an der Unterlegscheibe. Dann werden die Gummiringe mit Hilfe des Bürohefters im mittleren Bereich an beiden Seiten des Zeichenkartons festgeklammert.

Nun „ziehst" du die Gummis auf, indem du die Scheibe um sich selbst drehst, bis beide Gummiringe gespannt sind. Während du die Unterlegscheibe mit einer Hand festhältst, faltest du den Karton mit der anderen zusammen.

Nun schiebst du den gefalteten Karton in den Briefumschlag. Der Umschlag wird geschlossen - fertig.

Kannst du dir vorstellen was passiert, wenn dein Streichopfer den Briefumschlag öffnet und den Karton herauszieht?

Richtig. Dein Gimmick fängt laut an zu rattern. Hilfe! Die jungen Klapperschlangen scheinen bereits ausgeschlüpft zu sein!

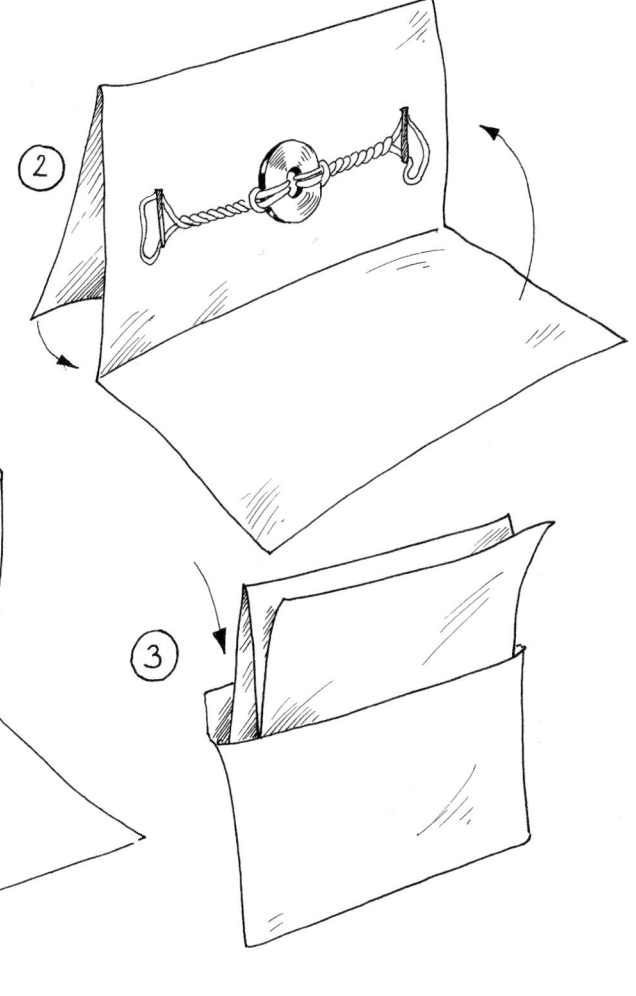

Ein schweigsamer Gast

Diesen ganz besonderen Gast für deine Spukfete kannst du nicht einfach einladen - du musst ihn dir basteln. In einer dunklen Zimmerecke, in einen Sessel gesetzt, wirkt er richtig unheimlich. Er sagt keinen Ton und rührt sich nicht und auf den ersten Blick könnte man meinen, der gute Mann hätte gerade das Zeitliche gesegnet. Doch weit gefehlt! Der schweigsame Geselle hat überhaupt nie gelebt.

Du brauchst dazu:
1 Hemd, Sweatshirt oder Pullover
1 Hose
1 Paar Haushaltsgummihandschuhe
(möglichst hautfarben)
1 Paar Schuhe oder Stiefel
1 Strumpfhose
1 Nylonstrumpf (möglichst hautfarben)
Hut, Mütze oder Perücke
farbige Filzstifte
Sicherheitsnadeln
jede Menge Füllmaterial: Lumpen, Papier,
Styroporflocken, etc.
1 abgesägten Besenstiel oder eine Holzlatte (etwa 90 - 100 cm)
eventuell:
Bart zum Ankleben
Brille oder Sonnenbrille

Du hast es sicher schon erraten: dein schweigsamer Gast ist eine lebensgroße Puppe.

Als Erstes stopfst du eine Strumpfhose sorgfältig mit Füllmaterial aus. Anschließend ziehst du der Puppe eine Hose und Schuhe oder Stiefel an.

Danach stopfst du das Hemd, das Sweatshirt oder den Pullover aus. Der abgesägte Besenstiel bzw. die Holzlatte dient als „Rückgrat", das den Oberkörper und den Kopf deiner Puppe aufrecht hält.

Du setzt den Oberkörper auf den unteren Teil, steckst das Hemd in den Hosenbund und befestigst es mit Sicherheitsnadeln. Das untere Ende des „Rückgrates" kommt dabei hinten in die Hose, das obere Ende ragt aus dem Kragen heraus.

Den Nylonstrumpf stopfst du so mit Füllmaterial aus, dass ein Kopf mit Halsansatz entsteht. Ziehe ihn über das obere Ende des „Rückgrates", schiebe den Halsansatz in den Kragen und befestige ihn ebenfalls, möglichst unsichtbar, mit Sicherheitsnadeln.

Nun malst du deinem unheimlichen Gast mit Filzstiften ein grimmiges Gesicht. Wenn du willst, kannst du ihm einen künstlichen Bart ankleben und eine (Sonnen-)Brille aufsetzen. Wenn du ihm dann auch noch eine Perücke oder eine Kopfbedeckung (oder beides) aufsetzt, sieht er in dämmrigem Licht und auf den ersten Blick verblüffend echt aus.

Magisches Licht

Wenn du in einem Raum eine ganz besonders gruselige Atmosphäre schaffen möchtest, solltest du es einmal mit Schwarzlicht versuchen.

Plötzlich sehen alle so aus, als kämen sie gerade frisch von einer Expedition durch Afrika zurück. Die Haut deiner Gäste wirkt dunkelbraun, ihre Zähne und das Weiß ihrer Augen strahlen ungewöhnlich hell. Auch alles andere rein Weiße und vor allem Leuchtfarben beginnen im Schein eines Schwarzlichtes intensiv zu „glühen". Das grenzt schon fast an Zauberei.

Das so genannte Schwarzlicht ist eine spezielle Lichtquelle mit starkem UV-Anteil. Das Licht lässt alles dunkel und unheimlich wirken. Nur Weiß und spezielle Leuchtfarben leuchten heller als bei normalem Licht. Es macht Spaß, mit dem sonderbaren Licht zu experimentieren.

Es gibt eine Menge Dinge, die so gefärbt sind, dass sie unter Schwarzlicht intensiv leuchten: Poster mit den verschiedensten Motiven, Leuchtplakafarben und Filzstifte für eigene Bilder, Nagellack, Schminkfarben, Haarsprays, Schaumsprays und vieles mehr.

Wichtig: Kaufen kannst du Schwarzlicht-Lampen in Beleuchtungsgeschäften und in Kaufhäusern. Beim Anbringen musst du dir unbedingt von deinen Eltern helfen lassen. Strom ist lebensgefährlich - also Finger weg von allen elektrischen Leitungen und Anschlüssen!

Der unheimliche Sack

Du sitzt mit deinen Freunden abends beisammen. Der Raum ist nur spärlich beleuchtet. Ihr erzählt euch gegenseitig gruselige Gespenstergeschichten. Die Luft knistert vor Spannung. Ein Fensterflügel klappert leise im Wind. Der eine oder andere von euch ist bereits blass um die Nase.

Genau der richtige Moment, den unheimlichen Sack ins Spiel zu bringen:

Du brauchst dazu einen kleinen Sack, in den du (ohne dass dir jemand dabei zusehen kann) alle möglichen Sachen steckst: eine getrocknete Pflaume, eine verschrumpelte Karotte, einen geschälten Pilz, einen mit warmem Wasser gefüllten schlabbrigen Luftballon, einen Plastikwurm, einen feuchten Schwamm und was dir sonst noch so einfällt. Hauptsache ist, dass sich alle Dinge irgendwie komisch oder gar eklig anfühlen.

Ihr setzt euch im Kreis auf den Boden und der unheimliche Sack geht auf die Wanderschaft. Der erste Spieler greift in den Sack, nimmt einen Gegenstand in die Hand und tastet ihn, ohne ihn anzusehen, gründlich ab und denkt sich eine schauerliche und spannende Geschichte aus.

So kann zum Beispiel jemand, der die verschrumpelte Karotte erwischt hat, denken, sie sei ein abgehackter Finger und den anderen eine haarsträubende Geschichte erzählen: Vielleicht stammt der Finger ja von dem bekannten Graf Dracula, der eines Tages von einem unerbittlichen Vampirjäger aufgespürt wurde und...

Wenn die Geschichte zu Ende ist, zieht der Erzähler das unbekannte Objekt aus dem Sack und wird selbst darüber staunen, was ihm da in Wirklichkeit zwischen die Finger geraten ist.

Dann wird der unheimliche Sack weiter gereicht und der nächste mutige Mitspieler ist an der Reihe.

Horrorkartoffeln

Gebackene Kartoffeln an sich sind ja nichts Besonderes. Verpasst du ihnen aber kleine Monsterfratzen oder Horrorvisagen, bleibt der Nervenkitzel auch beim Essen nicht aus.

Wasche die ungeschälten Kartoffeln sorgfältig unter fließendem Wasser ab, bis auch die letzte Erdkrume von den Schalen verschwunden ist.

Jetzt wird geschnitzt! Mit einem scharfen Küchenmesser schneidest du unheimliche Gesichter in die Kartoffeln. Um Nasen, Augen, Münder oder Ohren möglichst plastisch zu gestalten, kannst du ruhig kleine Stücke aus den Kartoffeln herausschneiden. Wenn du noch nicht so gut mit einem Messer umgehen kannst, bitte einen Erwachsenen dir dabei zu helfen. Sicher ist sicher!

Bist du mit deinen geschnitzten Fratzen ganz zufrieden, legst du die Kartoffeln auf ein gefettetes Backblech und pinselst sie mit etwas Olivenöl ein.

Anschließend schiebst du das Blech in den vorgeheizten Backofen, wo die Horrorkartoffeln bei 200 °C etwa 40 Minuten lang backen. Vergiss nicht, sie hin und wieder zu wenden, damit sie auch durch und durch gar werden.

Übrigens: Am besten schmecken die Kartoffeln, wenn du sie mit einer Soße zum Dippen, Ketchup oder weicher Butter servierst.

Abgenagt bis auf die Knochen

Du bist auf eine Gruselfete eingeladen? Du suchst nach einer richtig schaurigen Verkleidung?

Was meinst du, was die anderen für Augen machen, wenn du mit klappernden Knochen als Skelett durch die Tür kommst?

Du brauchst dazu:
schwarzes langärmeliges T-Shirt und
schwarze Strumpfhose (Leggings) oder
schwarzen, hautengen Sportanzug
weiße Mütze
schwarze Fingerhandschuhe aus dünnem Stoff
weiße und schwarze Plakafarbe
Pinsel
weiße und graue Schminke
schwarzen Faden
Walnuss-Schalen

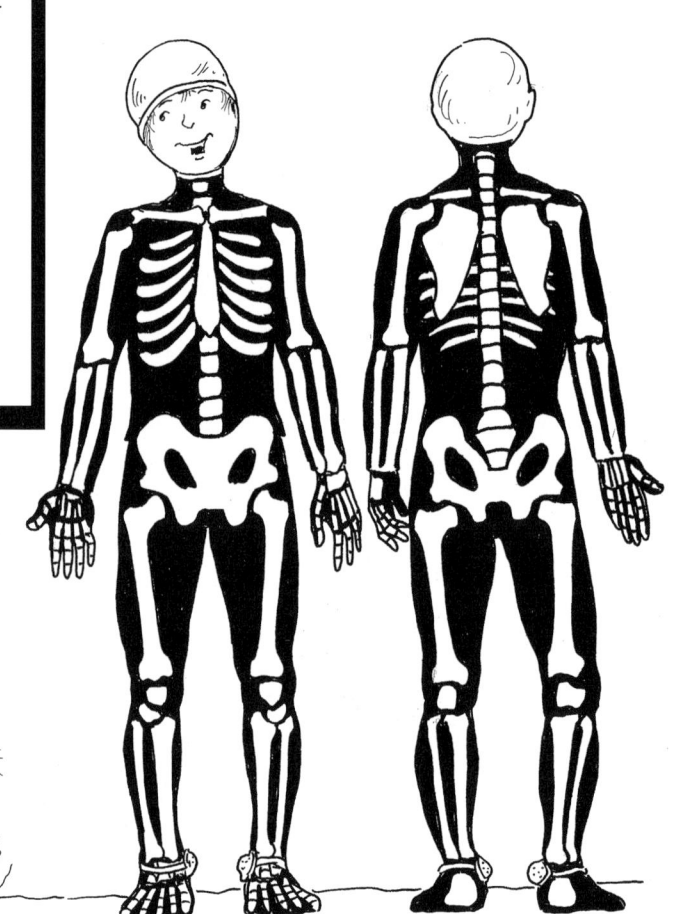

Mit weißer Plakafarbe malst du wie auf der Zeichnung zu sehen ein Skelett auf die Vorder- und Rückseite deines schwarzen Dresses.

Mit weißer und grauer Schminke verwandelst du dein Gesicht in einen gruseligen Totenkopf.

Deine Haare lässt du unter einer weißen, eng anliegenden Mütze verschwinden. Wenn du keine Mütze hast, kannst du dir eine aus weißem Stoff und einem Stück Gummiband nähen oder nähen lassen!

Male einige Walnuss-Schalenhälften mit Plakafarbe schwarz an und ziehe sie auf zwei schwarze Bindfäden auf, die du dir locker um die Fußgelenke bindest. So kann man bei jedem Schritt den du machst, deine „Knochen" schaurig klappern hören.

Übrigens: Hast du gewusst, dass ein menschliches Skelett aus über 200 einzelnen Knochen besteht? Manche davon sind recht groß wie die Oberschenkelknochen, andere wiederum klein wie die Knochen deiner Hände. Kaum zu glauben, aber wenn du mit deiner Hand etwas greifst, bringst du damit ganze 27 Knochen ins Spiel.

Vorsicht, alte Knochen!

Stell dir vor, du führst einige Freunde durch dein „Horrorhaus". Ihr geht durch einen düsteren Gang. Du sagst noch: „Gebt bitte Acht, hier liegen irgendwo die Gebeine meiner Urahnen!" - und da knackt es auch schon ganz erbärmlich unter den Füßen deiner entsetzten Gäste.

Natürlich musst du, um an Knochen zu kommen, nicht deine Urahnen ausgraben. Stattdessen wartest du, bis bei euch zu Hause das nächste Mal Hühnchen oder anderes Geflügel auf den Tisch kommt. Die abgenagten Knochen des Federviehs eignen sich vorzüglich für deine schaurigen Zwecke.

Die Knochen müssen gründlich gereinigt werden: Entferne mit einem Messer vorsichtig alle Fleischreste, schrubbe die Knochen kräftig ab und lege sie anschließend bei schwacher Hitze ins Backrohr, damit sie richtig austrocknen.

Nachdem sie abgekühlt sind, streust du die Knochen auf einer kleinen Fläche auf den Boden, wo das schaurige Ereignis stattfinden soll und deckst sie mit einem Teppich, einer Decke oder einer dunklen Plane zu.

Jetzt fehlen nur noch die Besucher und der knochenknackende Alptraum kann beginnen!

Aus dem Grusellexikon: Dämonen

Als Dämon bezeichnet man sowohl den Teufel als auch einen bösen Geist, der absolut nichts Gutes im Schilde führt.

Dämonen haben keinen eigenen Körper. Ihnen wird nachgesagt, dass sie die Fähigkeit besitzen, in andere Lebewesen wie Menschen und Tiere einzutreten und sie völlig willenlos zu machen. Sie nutzen den fremden Körper für ihre eigenen bösen Machenschaften.

Frisches Hirn gefällig?

Du sitzt bei dir zu Hause mit ein paar Freunden zusammen. Das Licht ist gedämpft. Ihr habt euch einige gruselige Geschichten erzählt und eure Nerven liegen blank.

„Jetzt wär was zu futtern recht", sagen deine Gäste. Kein Problem. Können sie haben.

Du verschwindest in die Küche und kommst kurz darauf mit einem beladenen Teller und Besteck zurück.

„Was ist das denn?" will ein hungriger Freund mit befremdetem Blick auf den Teller wissen. „Das sieht ja schon ein bisschen ... naja, seltsam aus."

„Was ganz Besonderes", antwortest du. „Frisches Hirn - schlachtfrisch und noch warm!" Du stellst den Teller auf den Tisch und siehst zu, wie deine Freunde grüne Gesichter bekommen.

Du brauchst dazu:
1 weißen Luftballon
rote Marmelade
1 Teller
warmes Wasser

Was du da servierst, ist natürlich kein frisches und noch warmes Hirn - oder wird bei euch zu Hause selbst geschlachtet?

Stattdessen füllst du warmes Wasser in einen Luftballon, den du zuknotest und mit der Tülle nach unten auf den Teller legst. Du streichst etwas Erdbeer- oder Himbeermarmelade darüber, und schon kann dein „frisches Hirn" serviert werden.

Natürlich könnt ihr es nicht essen. Aber keine Bange, mit Sicherheit denkt niemand auch nur im Traum daran, dein Spezialgericht zu futtern. Dafür können deine Gäste es aber ruhig mal anfassen - dein „frisches Hirn" fühlt sich warm, weich und klebrig an. Einfach eklig!

Tapfer wie du bist, streichst du mit dem Finger darüber und leckst ihn dann genüsslich ab. Das macht Eindruck - garantiert!

Schaurig, aber wahr: Die Reise in den Tod

Der Untergang eines Passagierschiffes ist immer eine schreckliche Tragödie. Unheimlich ist so ein Vorfall aber nicht. Zumindest normalerweise. Höchst seltsam wird die Sache allerdings dann, wenn der Bericht über so eine Schiffskatastrophe bereits Jahre bevor sie wirklich passiert, nachzulesen ist.

Ein kalter Abend im April. Dichter Nebel liegt über dem Atlantik, als ein riesiger Luxusozeandampfer in voller Fahrt über das Meer rauscht - viel zu schnell, bei dieser schlechten Sicht. Direkt auf seinem Kurs, unsichtbar im dichten Nebel verborgen, liegt ein gewaltiger Eisberg. Die Passagiere an Bord feiern ausgelassen und auch die Besatzung hat keine Ahnung von der drohenden Gefahr. Das Schiff heißt Titan, gilt als unzerstörbar und unsinkbar und befindet sich gerade auf seiner ersten und gleichzeitig letzten Reise, die mit einem schrecklichen Drama enden wird.

Es bleiben nur noch wenige Minuten bis zu einer entsetzlichen Katastrophe, in der weit über tausend Menschen den Tod im eisigen Wasser finden werden, weil es viel zu wenig Rettungsboote gibt ...

Zum Glück hat es die Titan nie wirklich gegeben. Die Schilderung ihres Untergangs stammt aus einem Roman von Morgan Robertson, den er im Jahr 1898 geschrieben hat. Nur ein erfundenes Unglück, also. Oder etwa doch nicht? Denn 14 Jahre später wirft ein schreckliches Ereignis ein völlig neues Licht auf die alte Geschichte. Und nun wird es richtig unheimlich, denn ...

14. April 1912, ein kalter Abend. Dichter Nebel liegt über dem Atlantik, als ein riesiger Luxus-Ozeandampfer in voller Fahrt über das Meer rauscht - viel zu schnell, bei dieser schlechten Sicht. Direkt auf seinem Kurs, unsichtbar im dichten Nebel verborgen, liegt ein gewaltiger Eisberg. Die Passagiere an Bord feiern ausgelassen und auch die Besatzung hat keine Ahnung von der drohenden Gefahr. Das Schiff heißt Titanic, gilt als unzerstörbar und unsinkbar und befindet sich gerade auf seiner ersten und gleichzeitig letzten Reise, die in einer schrecklichen Tragödie endet.

Wenige Minuten später läuft das Schiff auf den Eisberg auf und sinkt innerhalb kürzester Zeit. Weil es viel zu wenig Rettungsboote gibt, können sich nur etwa 700 Menschen retten. Weit über Tausend finden im eisigen Wasser den Tod ...

Lebendige Bilder

Bestimmt hast du das schon einmal in einem Film gesehen: der Darsteller geht an einem alten Gemälde vorbei und plötzlich scheint das Porträt zum Leben zu erwachen. Der Mund bewegt sich oder die Augen drehen sich und folgen dem Vorübergehenden. Ganz schön gruselig!

Du brauchst dazu:
Porträt-Poster
festen Karton, etwas größer als das Poster
schwarzes oder braunes Krepppapier
Schere und Klebstoff
Bettlaken
Reißnägel
durchsichtigen Nylonfaden

Diesen Spezialeffekt kannst du ganz leicht bei deinem nächsten Gruselfest einsetzen und so für Gänsehaut und kalte Schauer sorgen.

Dazu klebst du das Porträt-Poster so auf einen festen Karton, dass um das Poster herum ein etwa 6 cm breiter Papprand frei bleibt.

Sobald der Klebstoff getrocknet ist, schneidest du vorsichtig die Augen des Porträts aus. Möchtest du auch eine lebendige Zunge zum Einsatz bringen, musst du in den Mund ebenfalls eine schmale Öffnung schneiden.

Den Papprand des Bildes verkleidest du mit dem dunklen Krepppapier, das du leicht gekräuselt Stück für Stück aufklebst. So bekommt dein Gemälde einen richtigen Rahmen.

Am oberen Rand des Rahmens stichst du mit der Schere rechts und links kleine Löcher ein, durch die du dann je ein 1 m langes Stück Nylonfaden ziehst. Die unteren Fadenenden werden am Bild verknotet; die oberen Enden knüpfst du zu kleinen Schlingen, an denen du das Gemälde später aufhängst.

Jetzt brauchst du einen Türrahmen, durch den während deiner Party niemand hindurchgehen muss. Das alte Bettlaken befestigst du mit Reißnägeln so an dem Türrahmen, dass es wie ein ganz gewöhnlich drapierter Vorhang aussieht.

Davor hängst du das angefertigte Gemälde auf. Achte darauf, dass die Gucklöcher des Porträts in deiner Augenhöhe hängen, damit du problemlos durchblicken kannst.

Sitzt das Bild perfekt, schneidest du auch in den Vorhang entsprechende Gucklöcher. Nun kannst du dich unbemerkt dahinter verstecken und deine Gäste mit dem lebendigen Bild erschrecken.

Noch besser wird der Effekt, wenn du rechts und links des lebendigen Bildes zwei oder drei weitere Gemälde an den Wänden befestigst. Hinter das präparierte Bild stellst du einen Komplizen, der das Gemälde im richtigen Moment zum Leben erweckt.

Nun kannst du deine Gäste an deiner Gemäldesammlung vorbeiführen. Was glaubst du, was die für Augen machen werden, wenn ihnen das dritte oder vierte Bild plötzlich zublinzelt oder die Zunge herausstreckt?

Schaurige Geräusche

Was wäre ein gruseliger Film ohne schaurige Geräusche? Richtig, nicht halb so spannend und aufregend. Denn auch die Ohren gruseln mit. Deshalb gehört zu einer gelungenen Spukfete selbstverständlich auch die passende schaurige Geräuschkulisse.

Damit du deine Spukgeräusche jederzeit zum Einsatz bereithast, nimmst du sie am besten auf Kassette auf.

Eine Sammlung von Geräuschen kannst du dir auch fix und fertig auf Schallplatte, Kassette oder CD in Musikgeschäften kaufen. Du brauchst dir dann nur noch die passenden Geräusche auszusuchen und auf Kassette zu überspielen. Das ist sicherlich der einfachste und schnellste aber auch teuerste Weg, eine Spukkassette zusammenzustellen.

Mit etwas mehr Aufwand kannst du schaurige Geräusche aber auch selbst produzieren und mittels eines Mikrofons aufnehmen. Das ist gar nicht schwierig und bringt jede Menge Spaß, vor allem wenn du dir von ein, zwei Freunden dabei helfen lässt.

Natürlich kannst du gekaufte und selbst gemachte Geräusche auch zusammenmischen.

Eulenschreie

Der unheimliche Schrei einer Eule hat's wirklich in sich - und lässt sich dabei auch noch ganz leicht nachahmen.

Nimm eine leere Glasflasche, setze sie schräg an den Mund und blase mit gespitzten Lippen in den Flaschenhals. Den Ton kannst du verändern, indem du etwas Wasser in die Flasche füllst.

Rollender Donner

Ein echtes Donnerwetter kann einem fürchterliche Angst einjagen. Aber auch selbst gemachter Donner ist nicht ganz ohne.

So wird's gemacht: Nimm ein möglichst großes Stück steifen Karton und bringe ihn zwischen deinen beiden Händen kräftig zum Schwingen. Das Geräusch, das dabei entsteht, kommt rollendem Donner verblüffend nahe.

Prasselnder Regen

Regen, der heftig gegen ein Fenster prasselt, ahmst du mit Reiskörnern nach. Spanne dazu ein Stück Alufolie über ein Gefäss (Topf, Schüssel, etc.) und lass Reiskörner darauf fallen. Wenn Hagel mehr nach deinem Geschmack ist, nimm dicke getrocknete Bohnen.

Stürmischer Wind

Um Wind oder gar Sturm zu erzeugen, brauchst du nur gegen dein Mikrofon zu blasen. Mit ein bisschen Übung kannst du vom kleinen Wind bis zum großen Orkan alle Windstärken täuschend echt nachahmen.

Klagende Gespenster

Oh Gott, wie schauerlich das klingt, wenn du mit deinen angefeuchteten Fingern über den Rand eines bis zur Hälfte mit Wasser gefüllten Glases streichst. Da ist Gänsehaut garantiert!

Geheimnisvolles Rascheln

Alleine in einem dunklen Raum - da raschelt es leise! Was kann das sein? Mäuse, Ratten, fette Spinnen? Ganz schön unheimlich! Dabei erzeugst du das Rascheln nur mit einer Tüte voller trockenem Laub, die du kräftig schüttelst.

Geisterpferde

Mit zwei Plastikbechern kannst du Pferdegetrappel täuschend echt imitieren. Nimm dazu je einen Becher mit der Öffnung nach unten in die Hand und klopfe damit rhythmisch gegen eine Tischplatte. Wenn dir Freunde - ebenfalls mit Plastikbechern ausgerüstet - dabei helfen, könnt ihr zusammen eine ganze Pferdeherde durch die Nacht galoppieren lassen.

Heulende Wölfe

Für Wolfsgeheul brauchst du nur deinen Mund und deine Hände. Forme deine Lippen zu einem großen O, lege die Hände darum und heule ins Mikrofon. Alleine kannst du einen einzelnen hungrigen Wolf nachahmen, zusammen mit Freunden ein ganzes Rudel.

Knisterndes Feuer

Zerknülle ein Stück Cellophan vor deinem Mikrofon. Damit lässt sich ein kleines Lagerfeuer imitieren, aber auch ein brennender Scheiterhaufen, je nachdem wie nahe du damit an dein Mikrofon herangehst.

Unheimliches Gelächter

Auch hierfür brauchst du nur deinen Mund. Lache mit verstellter Stimme möglichst schrill ins Mikrofon. Kichere mit hoher Stimme. Oder versuche es tief und dumpf. Zusammen mit Freunden kannst du verschiedene Stimmen mischen und im Chor auf Band lachen. Abgespielt hört sich das später an, als hätten sich Hexen, Monster und andere Spukgestalten zu einem wüsten Lachkonzert zusammengefunden. Da stehen einem doch glatt die Haare zu Berge!

Blubbernde Sumpflöcher

Unergründliche Sumpflöcher mitten in einer Moorlandschaft. Darüber Nebel und giftige Dämpfe. Dazu das unheimliche Blubbern aufsteigender Gase. Schaurig, nicht wahr? Fülle eine Schüssel mit Wasser, halte dein Mikrofon daneben und blase mit einem Strohhalm kräftig ins Wasser. Na, kannst du das Sumpfloch vor deinem inneren Auge sehen?

Nicht zu vergessen ...

Natürlich kannst du mit Mikrofon und Kassettenrecorder auch echte Geräusche festhalten: Regen, der ans Fenster prasselt; das dumpfe Grollen eines Gewitters; eine Tür, die unheimlich in rostigen Angeln knarrt; geheimnisvolle Schritte auf alten Holzdielen; das hohle Klopfen gegen eine schwere Tür; Kreide, die nervenzerfetzend über eine Tafel quietscht; eine rasselnde Kette. Wenn du die Ohren offen hältst, bekommst du schnell mehr schaurige Geräusche zusammen, als auf eine Kassette passen.

Aus dem Grusellexikon: Halloween

In Amerika wird jedes Jahr in der Nacht zum 1. November kräftig Halloween gefeiert - vor allem von den Kindern. Sie verkleiden sich gruselig, ziehen von Haus zu Haus und fordern: „Trick or treat" (Streich oder Geschenk). Daraufhin bekommen sie von den Leuten Süßigkeiten oder andere Kleinigkeiten geschenkt. Wenn nicht, spielen sie dem Geizhals einen Streich.

Außerdem werden Gruselfeten veranstaltet, zu denen alle Gäste in unheimlichen Kostümen erscheinen. Scharen von Hexen, Gespenstern, Skeletten, Gnomen, Monstern, Vampiren und anderen Schauergestalten bevölkern bis spät in die Nacht die Straßen. Keller, Speicher, Kinderzimmer, Garagen oder auch ganze Häuser werden aufwendig in Spukhäuser verwandelt. Dort wird gelacht, getanzt, gespielt, gefuttert und allerhand Schabernack getrieben. Ein Riesenvergnügen.

Nur weil Halloween bei uns nicht offiziell gefeiert wird, musst du - wenn deine Eltern mitspielen - nicht unbedingt darauf verzichten. Stattdessen kannst du die Tradition der Kinder in Amerika einfach übernehmen und zusammen mit deinen Freunden bei dir zu Hause ein eigenes Halloweenfest auf die Beine stellen.

Wer weiß, vielleicht stößt du ja auch bei deinem Englischlehrer auf ein offenes Ohr, wenn du ihn fragst, ob er nicht mit der ganzen Klasse eine kleine Halloween-party feiern will. Einen Versuch ist es sicher wert.

Die Geschichte von Halloween reicht übrigens über zweitausend Jahre zurück. Für die Kelten, die damals in England,

Irland und Nordfrankreich zuhause waren, begann das Neue Jahr am 1. November und das wurde am Abend davor ausgiebig gefeiert und begrüßt.

Die Druiden (Priester der alten Kelten) waren davon überzeugt, dass in der Nacht zum Neuen Jahr Hexen, Geister und Dämonen durch die Lande zogen und ihr Unwesen trieben. Um sie zu verscheuchen, verkleideten sich die Menschen und zündeten große Feuer an.

Heute glaubt zwar kaum mehr jemand ernsthaft an Hexen oder böse Dämonen. Doch Halloween wird trotzdem gefeiert, weil es Jahr für Jahr aufs Neue allen Beteiligten unheimlichen Spaß macht.

Verwelkte Haut

Vampire, steinalte Hexen und allerlei andere Spukgestalten leiden alle unter dem gleichen Problem: wer Hunderte von Jahren sein Unwesen treibt, dessen Haut wird alt und schlapp und welk und ausgesprochen unansehnlich. Dagegen ist nun mal kein Kraut gewachsen. Uralte Haut wird nie mehr jung.

Umgekehrt sieht die Sache anders aus. Mit einem kleinen Trick kannst du deine Haut vorübergehend entsetzlich alt aussehen lassen.

Du brauchst dazu:
Hafermehl oder lösliche Haferflocken
Wasser
kleine Schüssel
Gabel zum Umrühren
eventuell:
rote Lebensmittelfarbe

Übrigens: Sobald die Masse auf der Haut getrocknet ist, fängt sie an zu schuppen und abzublättern.

Mannomann, siehst du jetzt alt aus!

Rühre etwas Hafermehl oder lösliche Haferflocken in einer kleinen Schüssel mit etwas Wasser zu einem dicken Brei an.

Trag ihn dünn auf die Hautstellen auf, die du „altern" lassen willst (Gesicht, Hände, etc.). Du kannst mit der Masse auch kleine Beulen formen. Wenn du oben auf die Erhebung einen Tropfen roter Lebensmittelfarbe gibst, sieht es wie eine offene Wunde aus. Igitt!

Leere Augenhöhlen

"Ich bin gleich wieder da", sagst du zu deinen Freunden und verlässt das Zimmer. Wenn du wenige Minuten später zurückkommst, bleibst du in der Tür stehen und lässt einen Schrei los, dass deinen Gästen das Blut in den Adern gefriert.

„Was ist los?" wird einer von ihnen sicherlich wissen wollen.

„Meine Augen!" schreist du und alle sehen dich an.

Deine Augenhöhlen scheinen leer zu sein. Du streckst die zur Faust geballte Hand langsam nach vorne, damit sie alle sehen können und öffnest sie. Da liegen deine Augen und glotzen deinen entsetzten Freunden starr entgegen!

Du brauchst dazu:
2 kleine Zwiebeln
1 Olive
Gemüsemesser
schwarze Schminke

Keine Bange, deine Augen bleiben hübsch da, wo sie hingehören.

Bevor du diesen schaurigen Streich spielst, bereitest du die künstlichen Augen vor: Schäle dazu die beiden Zwiebeln. Wenn sie zu groß für Augäpfel sind, löse die oberen Schichten ab, bis du die richtige Größe erhältst. Die Olive schneidest du in zwei Hälften. Mit dem Messer höhlst du die Zwiebeln ein wenig aus, so dass du je eine halbe Olive hineindrücken kannst. Lass dir zur Sicherheit von einem Erwachsenen dabei helfen.

Wenn du für den Streich bereit bist, färbst du deine Lider und die Haut rings um die Augen schwarz. Nun nimmst du die beiden Zwiebelaugen in die geschlossene Hand und schon kann der Spuk beginnen.

Schaurig, aber wahr: Ein unheimlicher Verkehrsunfall

Wer sich in ein Auto setzt, denkt dabei bestimmt nicht an Spuk und Hexerei. Doch manchmal sind wir selbst auf vier Rädern vor seltsamen Ereignissen nicht sicher.

1987. Rabenschwarze Nacht liegt über England. Zu so später Stunde sind kaum noch Autos unterwegs. Ein Scheinwerferpaar frisst sich tapfer durch die Dunkelheit. Im Wagen sitzen ein Mann und seine Frau. Sie sind auf dem Weg nach Blackburn. Die Frau döst entspannt vor sich hin. Der Mann steuert den Wagen. Seine Augen bohren sich angestrengt in die Finsternis, fast hypnotisiert von den Mittelstreifen, die in gleichmäßigen Abständen vor ihm auftauchen und unter dem Auto verschwinden.

Plötzlich, wie aus dem Nichts, taucht vor ihm auf der Straße eine helle Gestalt in den Lichtkegeln der Scheinwerfer auf: eine Frau ganz in Weiß! Schockiert tritt der Fahrer mit aller Kraft aufs Bremspedal. Der Wagen schlingert. Doch es ist zu spät! Zu spät, um auszuweichen. Zu spät, um stehen zu bleiben. Ein grässlicher, dumpfer Aufprall erschüttert das Auto. Die Räder holpern über ein Hindernis. Der Mann stößt einen entsetzten Schrei aus. Seine Frau neben ihm schreckt hoch und ruft: „Um Gottes Willen, was ist denn passiert?"

Inzwischen steht der Wagen. Das Gesicht des Fahrers ist leichenblass, seine Augen weit aufgerissen. „Ich glaube, ich habe gerade eine Frau überfahren", sagt er tonlos und öffnet die Wagentür. „Hoffentlich lebt sie noch!" Er steigt aus dem Auto, um nachzusehen.

Er guckt unter den

Wagen, er
sucht die Straße
ab. Doch vergebens.

Minuten später kommt er noch blasser, mit leerem Blick und zitternden
Knien ins Auto zurück. „Nichts", sagt er ungläubig und lässt sich kraftlos
auf den Fahrersitz fallen. „Einfach gar nichts." Seine Frau sieht ihn ver-
ständnislos an.

„Ich habe nichts entdecken können. Niemanden", stöhnt ihr Mann.
„Aber ich bin sicher, da war eine Frau. Es ist, als ob sie sich in Luft
aufgelöst hätte!" Der Schock sitzt ihm tief in den Knochen. Er greift
sich fassungslos an die Stirn. Ihm will einfach nicht in den Kopf, was
sich da soeben vor seinen Augen abgespielt hat.

Obwohl er natürlich heilfroh darüber ist, dass nichts passiert ist, lässt
ihm das unheimliche Ereignis doch keine Ruhe. Er beginnt, Nachfor-
schungen anzustellen und findet schließlich Erstaunliches heraus:
er ist nicht der Einzige, dem die weiße Frau vors Auto gelaufen
ist. Bereits über vierzig andere Autofahrer haben in den letzten Jahren auf derselben Strecke ganz ähnliche
Begegnungen mit der unheimlichen Geister-
dame gehabt.

Leckerbissen aus dem Reich der Toten

Wer sagt denn, dass Zombies nur Angst und Schrecken verbreiten können?
Für dich und deine Freunde haben sie jedenfalls eine Ausnahme gemacht und
euch etwas Köstliches aus dem Reich der Toten mitgebracht - für jeden ein
Schälchen frische, feuchte Erde, in der sogar noch ein paar saftige Würmer
herumkrabbeln. Na, hört sich das nicht lecker an?

Du brauchst dazu:
200 g Schokoladenkekse
1 Päckchen Instant-Pudding
1/2 l Milch
3 Becher Schlagsahne
Fruchtgummi-Würmer
Unterteil eines Römertopfs
1 großer Plastikbeutel

Und so wird's gemacht:

Fülle die Schokoladenkekse in einen Plastikbeutel, verschließe ihn gut und zerkrümele
die Kekse mit deinen Händen.

Teile die Krümel gleichmäßig auf zwei Schüsseln auf und stelle sie vorerst zur Seite.

Anschließend bereitest du den Instant-Pudding mit der Milch nach Vorschrift zu.

Die Schlagsahne gießt du in eine Schüssel und schlägst sie mit dem elektrischen
Handrührgerät steif. Dann gibst du den fertigen Pudding und die Hälfte der zerkrümel-
ten Kekse dazu und hebst sie vorsichtig unter. Rühre die Masse so lange bis sie ein-
heitlich braun ist.

Nun teilst du die restlichen Krümel noch einmal. Mit einer Portion bedeckst du den Boden des Römertopfs. Darüber verteilst du dann die angerührte Masse und oben drauf die übrigen Krümel.

Zum Schluss dekorierst du die köstliche „Erde" mit ein paar Fruchtgummi-Würmern. Die sehen besonders appetitlich aus, wenn du sie halb in der Erde verschwinden lässt.

Nun kannst du die „süße Erde" auftischen. Stell' ausreichend Schälchen daneben, damit deine Gäste sich selbst bedienen können.

Extra-Tipp: Wenn du eine neue kleine Sandschaufel in die Erde steckst, macht das Herauslöffeln gleich nochmal so viel Spaß.

Aus dem Grusellexikon: Zombies

Die Sage von den lebenden Toten, die mit leichenblassen Gesichtern wie aufgezogene Roboter durch die Gegend laufen, stammt aus Afrika und Haiti. Es heißt, der Leichnam eines Menschen könne durch Magie und Zauber wieder mit Leben erfüllt werden.

Sieht man allerdings Zombies über den Bildschirm laufen, scheinen sie nicht gerade glücklich zu sein, zwischen dem Diesseits und Jenseits festzustecken. Also, Finger weg vom faulen Zauber!

Blutsauger mit Stil

Wenn du als Graf Dracula auf die nächste Gruselparty gehen möchtest, solltest du deinen Kommunions- oder Sonntagsanzug auspacken. Denn obwohl Dracula nichts Gutes im Schilde führt, kleidet er sich doch gerne wie ein richtiger Gentleman.

Du brauchst dazu:
schwarzen Stoff
roten Stoff
schwarzen Anzug
schwarze Schuhe
weißes und schwarzes Faschings-Make-up
Transparentpuder
roten Lippenstift
Vampirgebiss aus Plastik

☁ Lege die beiden großen Stücke des schwarzen und roten Stoffes (rechte Seite auf rechte Seite) aufeinander und schneide dir daraus einen großen Umhang zurecht. Er sollte vom Hals bis zu den Waden reichen.

☁ Dann nähst du die beiden zugeschnittenen Teile oben, an den Seiten und unten bis auf 20 cm zusammen und wendest das Ganze dann, so dass die Nähte im Inneren des Umhangs verschwinden. Die untere offene Kante schließt du sauber mit ein paar Nadelstichen.

☁ Am Kragen kannst du entweder einen kleinen Druckknopf anbringen oder rechts und links je einen kleinen Stoffstreifen zum Zubinden befestigen.

☁ Jetzt schlüpfst du in deinen feinen Anzug, ziehst die schwarzen Schuhe an und legst dir den Umhang lässig um die Schulter. Schon bist du gekleidet, wie der weltbekannte Blutsauger höchstpersönlich.

Geschminkt wie ein Vampir

☁ Decke dein Gesicht und den Hals mit weißem Faschings-Make-up ab. Die Ohren dabei nicht vergessen! Über diese Grundierung kommt ein Hauch Transparentpuder. Dadurch wird das Make-up haltbarer und verschmiert nicht so schnell.

☁ Mische dir aus der weißen und schwarzen Farbe einen leichten Grauton zurecht, den du als kräftigen Schatten um deine Augen herum aufträgst.

- Die Augenbrauen kannst du mit schwarzer Farbe oder Wimperntusche überpinseln.

- Deine Lippen malst du mit Lippenstift feuerrot an. Wenn du möchtest, kannst du bei der Gelegenheit auch gleich noch ein paar Blutstropfen an den Mundwinkeln herunterlaufen lassen. Übertreib es aber nicht! Zwei, drei kleine aufgemalte Tupfer reichen vollkommen aus.

Nun brauchst du nur noch die falschen Zähne in den Mund zu stecken und schon geht's ab zum Tanz der Vampire!

Kunstwerke der Nacht

Wie manche Menschen aus Fleisch und Blut haben auch manche unheimliche Kreaturen der Nacht eine künstlerische Ader. Sie schaffen ihre gespenstischen Kunstwerke im Schutze der Dunkelheit.

Im Dunkeln malen kannst du auch. Am besten versuchst du es gemeinsam mit ein paar Freunden - so macht es noch mehr Spaß.

Ihr werdet überrascht sein, was für merkwürdige Bilder dabei entstehen.

Setzt euch gemeinsam um einen Tisch und nehmt euch einen Stift und ein Blatt Papier. Nun wird das Licht gelöscht. Eine schwache Lichtquelle, zum Beispiel ein Nachtlicht, das in die Steckdose geschoben wird, solltet ihr anlassen, damit ihr nicht völlig im Dunkeln sitzt. Und schon geht's los.

Zehn Minuten lang malt ihr euer „Kunstwerk der Nacht". Dann wird das Licht wieder angeschaltet, und ihr könnt eure Zeichnungen gegenseitig bewundern.

Garantiert gibt es jetzt einiges zu lachen, denn in der Dunkelheit zu zeichnen ist viel schwieriger, als man sich das vorstellt.

Lass freche Fratzen strahlen

Ob zum fröhlichen Grillfest, zur schaurigen Gruselparty oder einfach nur als Fensterdekoration: Windlichter mit frechen Fratzen sorgen für eine stimmungsvolle Beleuchtung.

Du brauchst dazu:
leere Konservendosen
Nagel
Hammer
Schraubzwinge
Teelichter

🔆 Nimm eine leere Konservendose und spüle sie in warmem Wasser gründlich, damit auch der letzte Lebensmittelrest aus ihr verschwindet und du die Banderole leicht entfernen kannst.

🔆 Nachdem du die Dose vorsichtig abgetrocknet hast, klopfst du die scharfen Ränder der Innenseite mit einem Hammer platt. Dazu legst du die Dose auf die Seite und klopfst vorsichtig und sachte Stück für Stück des Innenrandes ab.

🔆 Spanne die Dose jetzt mit der Öffnung nach oben in eine Schraubzwinge, damit sie festen Halt hat. Nun kannst du sie bearbeiten.

🔆 Überlege dir die Umrisse einer Fratze und setze den Nagel an den Punkten an, wo du gerne Löcher haben möchtest. Schlage ihn behutsam mit dem Hammer durch das Blech. Sobald der Nagel das Material durchstoßen hat, ziehst du ihn wieder heraus. Auf diese Weise schaffst du Loch für Loch, bis die freche Fratze vollständig ist.

🔆 Anschließend setzt du ein Teelicht in die Dose und zündest es an. Weil ein einzelnes Windlicht nicht allzu viel Licht spendet, bastelst du dir am besten mehrere davon.

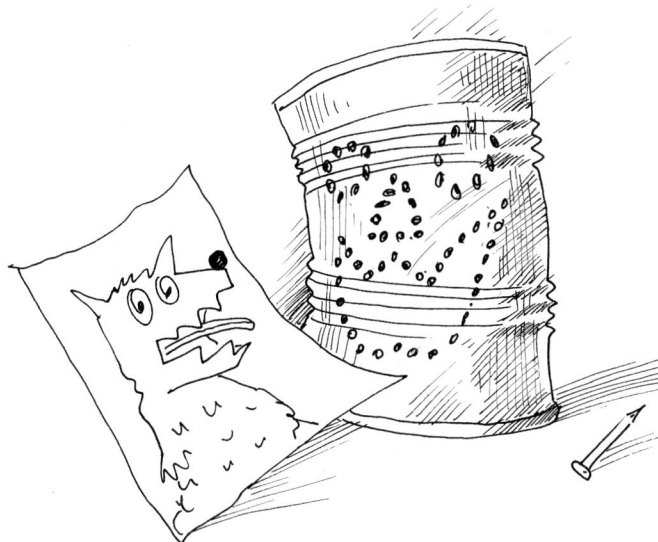

Aus dem Grusellexikon: Vampire

Ob es echte Vampire jemals gegeben hat? Wer weiß das schon. Jedenfalls spuken sie seit langer, langer Zeit in den Köpfen der Menschen herum und treiben ihr schauriges Unwesen noch heute in Hunderten von Filmen und Geschichten.

Ursprünglich stammen Vampire aus Transsilvanien. Wenn du ihn nett darum bittest, zeigt dir dein Erdkundelehrer bestimmt gerne, wo das liegt. Inzwischen sollen sie sich aber über die ganze Welt verbreitet haben. Besonders viele werden immer wieder in Hollywood und anderen Filmstudios gesichtet.

Man sagt ihnen nach, dass sie zwar vor langer Zeit gestorben, aber doch nicht tot sind. Sie vertragen kein Licht und hausen deshalb in dunklen Gruften. Weil Sonnenlicht sie töten kann, schlafen sie tagsüber - am Liebsten in Särgen, die mit Erde gefüllt sind.

Erst wenn es dunkel wird, verlassen sie ihre düstere Behausung und ziehen durch die Nacht, immer auf der Suche nach ihrer einzigen Nahrung. Sie essen und trinken nämlich nicht wie unsereins sondern ernähren sich von Blut, das sie anderen Menschen aus dem Hals saugen. Zu diesem Zweck besitzen sie lange, scharfe Eckzähne.

Wer von einem dieser unheimlichen Wesen gebissen wird, so heißt es, verwandelt sich selbst in einen Vampir. Er muss sich auf die Suche nach einer dunklen Schlafstätte machen und zusehen, täglich sein frisches Blut zu besorgen.

Der Überlieferung nach scheuen Vampire Knoblauch, Kreuze und Weihwasser. Getötet werden können sie nur durch einen Holzpflock, der ihnen durchs Herz getrieben wird. Eine schauerliche Vorstellung!

Wenn du lieber keinem von ihnen begegnen möchtest, treibst du dich besser nachts nicht auf den Straßen herum. Und ein paar Knollen Knoblauch in deinem Zimmer aufgehängt, können sicherlich auch nicht schaden. Höchstens riechen.

Blutsuppe

Wo Vampire speisen, da gehört viel Rot auf den Tisch. Mögen diese flattern- den Gestalten der Nacht doch nichts lieber als frisches Blut. Und wenn du es ihnen auch noch brühwarm servierst, werden sie dir glücklich um den Hals fallen.

Du brauchst dazu:
250 g Tomaten
1 Zwiebel
100 ml Brühe
1 TL Mehl
1 TL Butter
Salz und Pfeffer
Toastbrot

Die Tomaten werden enthäutet und die grünen Blüten entfernt. Das geht am Leichte- sten, wenn du die Tomaten ein paar Minuten lang in heißes Wasser legst.

In der Zwischenzeit schälst du schon einmal die Zwiebel und schneidest sie in dünne Scheiben.

Du gibst dann die geschälten Tomaten, Brühe, Zwiebeln und Gewürze in einen Topf und lässt alles 15 Minuten zugedeckt kochen.

Nun schwitzt du das Mehl in der Butter an (lass dir beim ersten Mal dabei helfen!) und gibst dann die Tomatenbrühe durch ein Sieb in die fertige Mehlschwitze. Lass die Sup- pe unter ständigem Rühren kurz aufkochen.

Zu guter Letzt schmeckst du sie mit Salz und Pfeffer ab und schon kannst du sie dei- nen Gästen servieren. Dazu reichst du gerösteten Toast.

In den Klauen des Monsters

Du sitzt mit deinen Freunden, die als Hexen, Vampire, Zombies und andere Schauergestalten verkleidet sind, bei einem Gruseltreffen zusammen.

Plötzlich drückst du eine Hand an die Brust, fängst wie wild zu kreischen an und behauptest, ein grässliches Monster hätte dich mit seinen riesigen Krallen böse erwischt. „Darauf fallen wir doch nicht rein!" werden deine Freunde sagen und dich erst einmal auslachen.

Doch das Lachen wird ihnen gleich vergehen. Denn unter deiner Hand breitet sich plötzlich Blut auf deinem Hemd aus. Du scheinst ja wirklich verletzt zu sein!

Was ist passiert? Bist du etwa wirklich in die Riesenkrallen eines Monsters geraten? Was für eine Frage - natürlich nicht! Du hast nur dein künstliches Blut für einen deftigen Streich eingesetzt. Und der geht so:

Du füllst ein paar Löffel des künstlichen Bluts in einen unaufgeblasenen Luftballon. Der Ballon sollte gut zur Hälfte gefüllt sein. Achte darauf, dass der Ballon von außen sauber bleibt. Gehen ein paar Tropfen daneben, wischst du sie mit einem Tuch sorgfältig weg. Das ist deshalb so wichtig, weil du diesen Blut-Ballon nun mit einer Sicherheitsnadel in deinem Hemd befestigst und dabei natürlich noch keine Blutspuren zu sehen sein sollen.

Verwende für diesen Streich auf jeden Fall ein altes Hemd oder T-Shirt, denn die Kunstblutflecken lassen sich beim Waschen nicht immer vollständig entfernen.

Den mit künstlichem Blut gefüllten Ballon befestigst du natürlich mit der Öffnung nach oben an der Innenseite deines Hemdes. Sonst würde die Flüssigkeit ja schon herauslaufen, bevor der Spaß überhaupt begonnen hat!

Sobald du das präparierte Hemd anhast, musst du dich sehr vorsichtig bewegen, damit das Blut nicht schon vor deinem Auftritt zum Vorschein kommt.

Der Rest ist einfach: Wenn du loskreischst, drückst du die Hand an der Stelle, wo sich im Hemd der Ballon befindet, auf deine Brust. Nun kannst du das

Blut herausdrücken - langsam und allmählich oder stoßweise - ganz nach deinem Geschmack.

Du kannst dir jedenfalls sicher sein, dass keiner deiner Freunde diesen Streich so schnell wieder vergisst!

Wichtiger Hinweis: Dieser Streich ist nichts für Leute mit „schwachen Nerven"! Also überlege dir gut, wem du ihn spielen kannst!

Künstliches Blut

Künstliches Blut kannst du für allerlei gruselige Effekte einsetzen - und es ist ganz einfach selbst herzustellen.

Du benötigst dazu lediglich Wasser, rote Speisefarbe und etwas Mehl.

Färbe etwas Wasser mit der Speisefarbe blutrot und siebe dann langsam etwas Mehl hinzu und rühre gut um. So wird es dickflüssig und sieht echtem Blut verblüffend ähnlich.

Auftragen solltest du das künstliche Blut aber nur auf Kleidungsstücke, die du hinterher nicht mehr benötigst. Denn - wie echtes Blut - hinterlässt es grässliche Flecken.

Wichtiger Hinweis: Blut lässt manche Leute in Panik geraten. Geh also bitte behutsam damit um. Auf Gruselfeten ist es angebracht - im Alltag hat es nichts verloren!

Die Schachteln des Grauens

Manchen läuft es schon eiskalt den Rücken hinunter, wenn sie etwas Unheimliches hören. Andere müssen etwas Schauriges erst mit eigenen Augen sehen, bevor sie eine Gänsehaut bekommen.

Wenn jemanden beides nicht schrecken kann - dann muss er eben fühlen!

Du brauchst dazu:
4 Schachteln mit Deckel (Schuhkartons)
Schuhbürste
grünen Wackelpudding
Alufolie
Gummibonbons in Form von Würmern
Weintrauben

für die erweiterte Hammerversion:
1 Spanholzplatte
2 Hocker oder Stühle
2 Schraubzwingen
Tischdecke oder Bettlaken
Industriehefter
eine weitere Schachtel

- Schneide in jeden Deckel der Schachteln einen Kreis, der gerade so groß ist, dass eine Hand hindurchpasst.

- Dann nimmst du die erste Box, beschriftest sie auf der Vorderseite mit der Aufschrift „Vorsicht, Riesentarantel" und legst eine Schuhbürste hinein.

- Den Innenraum der zweiten Schachtel legst du mit Alufolie aus, beschriftest sie mit „Geisterschleim - berühren auf eigene Gefahr!" und füllst eine dicke Portion Wackelpudding hinein.

- Den dritten Karton legst du ebenfalls mit etwas Alufolie aus und schreibst auf eine der Außenseiten in großen Lettern „Achtung, Riesenwürmer!" Dort hinein gibst du dann die Gummiwürmer, die du zuvor mit ein bisschen Wasser schön glitschig gemacht hast.

- In die letzte Schachtel, deren Boden auch mit Alufolie bedeckt ist, legst du 15 bis 20 abgeschälte Weintrauben. Ahnst du schon, wie die Aufschrift auf dieser Box lautet? Richtig - „Hexenaugen!"

- Nun kommen die vorbereiteten Deckel auf die gefüllten Schachteln. Die stellst du zu guter Letzt nebeneinander auf einen Tisch. Und wer von deinen Freunden mutig ist, der darf seine Hand hineinstecken und fühlen.

Ganz wichtig: Bestimmt fallen dir noch viel mehr Dinge ein, die du in deine „Fühlboxen" stecken kannst. Deiner Fantasie sind dabei kaum Grenzen gesetzt. Aber auf keinen Fall darfst du spitze, scharfkantige oder andere gefährliche Gegenstände einfüllen!

Die Hammerversion

Wenn dir oder deinen Freunden diese „Fühlschachteln" zu harmlos sind, dann wird dir die folgende Version bestimmt besonders gut gefallen:

Bitte einen Erwachsenen, dir an einem Ende einer dünnen Holzplatte ein Loch zu sägen. Es sollte so groß sein, dass du deine Hand problemlos hindurchschieben kannst.

Das gelochte Brett legst du dann über zwei Hocker und befestigst es an beiden Enden mit je einer Schraubzwinge. Sorge dafür, dass die Spanplatte richtig fest sitzt.

Darüber spannst du dann ein altes ausrangiertes Bettlaken oder ein anderes Tuch und heftest es rundherum am Holzbrett fest. Da das Loch in der Platte jetzt verdeckt ist, musst du natürlich auch das

Tuch entsprechend ausschneiden. Neben dem Loch stellst du die vier vorbereiteten Schachteln aus dem ersten Teil auf.

Nun nimmst du die fünfte Schachtel,

schneidest auch hier in den Deckel und zusätzlich in den Boden je ein Loch ein und versiehst sie mit der Aufschrift: „Vorsicht, Monsterkralle! Berühren streng verboten!"

Diese Box setzt du dann so auf die Holzplatte, dass alle Löcher genau übereinander liegen. Bevor deine mutigen Freunde dann ihre Hände neugierig in die „Schachteln des Grauens" stecken, hast du schon deine Position unter dem Tisch eingenommen. Deine „Monsterkralle" steckt in dem dafür präparierten letzten Karton in der Reihe und wartet nur darauf, zugreifen zu können, sobald jemand von oben seine Hand in die Schachtel steckt.

Der Ärmste wird einen gehörigen Schrecken erleben, wenn du ganz unerwartet zupackst!

Schaurig, aber wahr: Der Mann in Grau

England ist für gruselige Vorkommnisse ja bekannt. So ist es auch nicht weiter verwunderlich, dass sich diese seltsame und ziemlich unheimliche Geschichte ausgerechnet in London abgespielt hat.

Seit dem frühen 19. Jahrhundert erschien im Royal Theater in London immer wieder eine unheimliche Gestalt, die man den *Mann in Grau* nannte. Der Spuk währte mehr als hundertfünfzig Jahre lang.

Weil der *Mann in Grau* in dieser langen Zeit von so vielen verschiedenen Menschen gesehen wurde, muss man davon ausgehen, dass es ihn wirklich gegeben hat.

Der Mann, so berichten die Zeugen, hatte ein sympathisches Gesicht und war ungewöhnlich groß. Gekleidet war er mit einem langen grauen Mantel und hohen Reitstiefeln. Auf dem Kopf trug er eine gepuderte Perücke und einen Dreispitz. Außerdem hatte er immer ein Schwert bei sich.

Sein Erscheinen lief jedes Mal auf dieselbe Weise ab. Er trat - immer bei Tag - unversehens aus der Wand an der linken Seite des oberen Ranges heraus und schritt hinter den Sitzen entlang zur gegenüberliegenden Wand, in der er schließlich wieder verschwand. Dabei sah er sich niemals um, kümmerte sich nicht um die anwesenden Menschen und sprach mit niemandem. Er wirkte so echt wie ein ganz normaler Mensch aus Fleisch und Blut. Wenn ihm allerdings jemand im Weg stand, löste er sich vor dem Betreffenden in Luft auf und erschien auf der anderen Seite des Hindernisses mir-nix-dir-nix wieder.

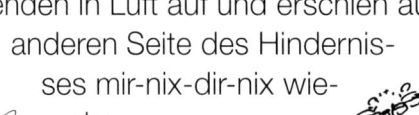

Natürlich suchte
man lange Zeit nach einer Erklärung
für den anhaltenden Spuk. Um das Jahr 1850 kam Kommis-
sar Zufall zu Hilfe. Bei Renovierungsarbeiten an der Wand, aus der der
Mann in Grau immer hervortrat, wurde eine zugemauerte Nische entdeckt und geöffnet. Darin fand man das Skelett eines Mannes. Ein rosti-
ger Dolch steckte noch zwischen seinen Rippen.

Obwohl die sterblichen Überreste des Ermordeten begraben wurden, fand sein Geist noch lange keine Ruhe. Bis ins Jahr 1980, in
dem er zum letzten Mal beobachtet wurde, drehte er weiter seine Runde.

Wer der Mann war und warum er ermordet wurde, ist bis heute nicht
geklärt und wird wohl für alle Zeiten ein Geheimnis bleiben. Auch
über seinen Mörder lassen sich nur Vermutungen anstellen. Doch
selbst wenn das Rätsel eines Tages doch noch gelöst werden könnte, ist es für die Bestrafung des Schuldigen schon
lange zu spät.

Der ungebetene Gast

Leider kannst du dir für eine Gruselfete oder ein Gespenstertreffen keinen echten Geist, wie den „Mann in Grau", einladen. Trotzdem hast du die Möglichkeit, so einen mysteriösen Unbekannten zur Verblüffung deiner Gäste erscheinen zu lassen.

> **Du brauchst dazu:**
> 2 m dünnen, weißen Stoff
> 2 Nägel oder Reißzwecken
> 1 Dia
> Diaprojektor
> Ventilator

schen herumprobieren, bis du den richtigen Abstand zwischen Ventilator und Vorhang gefunden hast.

Den Diaprojektor positionierst du ebenfalls in ausreichender Entfernung so hinter dem Vorhang, dass der Lichtstrahl direkt auf den Stoff fällt.

Der weiße Stoff dient bei diesem unheimlichen Spezialeffekt als Leinwand. Du kannst Leinen, Seide, Vlies aber auch ganz normalen Baumwollstoff dafür verwenden. Wichtig ist nur, dass das Material dünn und leicht ist.

Befestige den Stoff locker an einem Türrahmen, durch den deine Besucher nicht hindurchgehen müssen. Solange der Raum hell beleuchtet ist, wird jeder ihn einfach für einen Vorhang, der zur Dekoration gehört, halten.

Hinter der Stoffbahn stellst du einen kleinen Ventilator auf. Da der Stoff im Luftzug nur leicht wehen soll, musst du ein bis-

Jetzt brauchst du ein passendes Dia. Am besten wäre ein gruseliges, das du ein paar Tage zuvor eigens für dieses Ereignis aufgenommen hast. Du könntest zum Beispiel einen Eingeweihten mit etwas Schminke in eine blasse, schaurige Gestalt verwandeln. Ein Dia von einem Verwandten, den deine Freunde nicht kennen, tut es aber auch.

Wenn der Partyraum dann schummrig beleuchtet ist und deine Gäste nichts Böses ahnend herumstehen, verschwindest du unauffällig hinter dem Stoffvorhang, um Ventilator und Diaprojektor in Gang zu setzten. Lass das Bild nur einen kurzen Moment erscheinen.

Während alle deine Besucher Stein und Bein schwören, einen Geist gesehen zu haben, weißt du natürlich - angeblich - von gar nichts. „Ein Geist! Ha ha ha!" lachst du spöttisch. „Ihr wollt mich wohl verkohlen."

Nach einer Weile wiederholst du den Vorgang. Doch diesmal hast auch du die mysteriöse Erscheinung gesehen. Diesen Spuk kannst du so lange treiben, bis allen angst und bange ist. Beginnen deine Gäste allerdings langsam davonzulaufen, solltest du den Spuk beenden, sonst hast du nämlich bald nur noch einen einzigen Besucher: den ungebetenen Gast.

Kürbisköpfe

Bestimmt hast du sie schon einmal in einem Film gesehen: ausgehöhlte Kürbisse mit lustigen oder gruseligen Gesichtern, die mit einer Kerze von innen beleuchtet werden. In Amerika heißen sie Jack-O'-Lanterns und gehören ganz selbstverständlich zu jeder Halloweenparty.

Auch die Gäste deiner Gruselfete werden sicher hellauf begeistert sein, wenn sie schon vor der Türe von einem schaurigschönen Kürbiskopf begrüßt werden.

Vor langer, langer Zeit, als Straßenlampen noch keine Selbstverständlichkeit waren, fertigten die Menschen in Irland und Schottland Laternen aus ausgehöhlten Rüben, Kartoffeln oder roter Beeteknollen an, steckten Kerzen hinein und trugen sie mit sich, wenn sie nachts im Dunkeln unterwegs waren. Die ersten irischen und schottischen Einwanderer brachten diesen alten Brauch nach Amerika.

Weil in Amerika vieles größer ist als anderswo, wurden die verhältnismäßig kleinen Rüben und Kartoffeln im Laufe der Zeit durch riesige Kürbisse ersetzt. Natürlich läuft heute kein Mensch mehr damit durch die Straßen. Doch in der Halloweennacht werden noch heute in vielen Häusern Jack-O'-Lanterns vor die Türen oder ins Fenster gelegt, von wo aus sie den Vorbeigehenden entgegen grinsen.

> **Du brauchst dazu:**
> 1 Kürbis
> 1 Kerze
> 1 leere kleine Blechdose (z.B. Thunfischdose)
> Gemüsemesser

So wird eine Kürbislaterne gemacht:

🌰 Lass dir von deinen Eltern einen Kürbis besorgen. Achtung: Kürbisse gibt es nur im Herbst zu kaufen. Aber das ist sowieso die beste Jahreszeit für eine Gruselfete.

👻 Als Erstes wird oben ein Deckel ausgeschnitten. Der kann rund sein oder die Form eines Sternes haben. Schneide die Kanten schräg, so dass der Deckel an der Außenseite etwas größer als an der Innenseite ist. Das verhindert, dass der Deckel in den Kürbis fallen kann. Der Umgang mit einem scharfen Messer ist nicht ganz ungefährlich. Lass dir deshalb am besten von deinen Eltern beim Schneiden helfen.

Nun wird der Kürbis völlig ausgehöhlt. Das Fruchtfleisch wirfst du nicht weg, es kann gegessen werden. Auch die Kerne hebst du auf. Was du damit anfangen kannst, erfährst du im nächsten Kapitel.

Nun zeichnest du mit einem Bleistift Augen, Mund und Nase auf eine Seite des Kürbisses und schneidest die Konturen mit dem Messer sorgfältig aus.

Die Kerze klebst du mit ein paar Wachstropfen in die leere, ausgewaschene und getrocknete Blechdose. So hat sie einen sicheren Halt. Lass dir sicherheitshalber von einem Erwachsenen dabei helfen. Dann stellst du die Kerze in den Kürbis. Sobald sie angezündet ist, beginnt dein Kürbisgesicht zu strahlen. Nun kommt der Deckel oben drauf und schon ist deine Jack-O'-Lantern fertig!

Na, sieht sie nicht toll aus?!

Lecker, knackig und gesund

Die Kerne aus deinem Kürbis kannst du essen. Sie sind ausgesprochen lecker und obendrein gesund.

Bevor du die Kerne futtern kannst, musst du sie vorbereiten. Zuerst einmal werden sie gründlich gewaschen. Anschließend legst du sie auf einem Backblech aus. Verteile drei bis vier Teelöffel Speiseöl und etwas Salz darüber.

Dann schiebst du das Blech in den Backofen und röstest die Kürbiskerne etwa 15 Minuten lang bei 175°. Wenn du den Backofen nicht alleine bedienen darfst, lass dir von einem Erwachsenen dabei helfen.

Anschließend musst du die Kerne nur noch abkühlen lassen und schon kannst du sie - geschält natürlich - futtern.

Guten Appetit!

Der Mann ohne Kopf

Du bist auf der Suche nach einer echt schaurigen Verkleidung, die anderen vor Angst das Blut in den Adern gefrieren lässt? Dann ist der Mann ohne Kopf genau das richtige Kostüm für dich!

Du brauchst dazu:
1 großen, schwarzen Pulli
schwarzen Stoff
Schaumstoff
1 großen Mantel
1 Gummimaske

1. Zunächst kümmerst du dich um deinen zweiten Kopf. Dazu stopfst du eine Gummimaske mit so viel Schaumstoff aus, bis sie die Form eines ganz normalen Kopfes hat und schließt alle Öffnungen mit Klebeband. Hast du keine Gummimaske, kannst du auch einen aufgeblasenen Luftballon oder Ball verwenden, auf den du ein Gesicht malst.

2. Bevor du dich kostümieren kannst, brauchst du natürlich die nötigen Sachen dazu. Am besten überredest du deinen Vater, dir Pulli und Mantel für dein Vorhaben auszuleihen. Bestimmt hat er ein offenes Ohr für dein fantasti-

sches Kostüm und stellt dir die Teile zur Verfügung.

3. Schlüpfe in den viel zu großen Pulli und stopfe ihn oben herum kräftig mit Schaumstoff aus. Mache ein richtiges Muskelpaket aus deinem Oberkörper. Vor allem im Nackenbereich und um die Schulterpartie herum solltest du viel Schaumstoff verwenden, damit dein Kopf dazwischen versinkt.

4. Anschließend hängst du dir das Stoffstück, in das du an passender Stelle zwei Augenlöcher geschnitten hast, über den Kopf.

5. Jetzt streifst du dir den Mantel über, so dass dein Kopf im Kragen versinkt und klemmst dir deinen künstlichen Kopf unter den Arm. Fertig bist du, als Mann ohne Kopf!

Das Nachtgespenst

Ein schauriges Gespenst darf selbstverständlich auf keiner Gruselfete fehlen. Du kannst es zur Dekoration in einer Zimmerecke aufhängen oder dich selbst im Handumdrehen in ein Gespenst verwandeln.

Gespenst als Dekoration

Du brauchst dazu:
1 weißes Bettlaken
1 Luftballon
1 Bogen schwarzes Bastelpapier
Schere
Klebstoff
Bindfaden
3 runde Schraubhaken
eventuell:
3 passende Dübel dazu

2. Zunächst bläst du den Luftballon auf. Der wird den Kopf deines Gespenstes bilden. Dann führst du mit einer Nähnadel vorsichtig ein langes Stück Bindfaden durch die Mitte des Tuches und knotest das eine Ende des Fadens fest um die Ballontülle. Das andere Fadenende knotest du locker an den mittleren Schraubhaken in der Decke.

Das Bettlaken sollte ein altes, abgelegtes sein, das du anmalen kannst, ohne deswegen Ärger zu bekommen. Ein großes weißes Tuch tut's übrigens auch.

1. Lass dir von deinem Vater oder deiner Mutter in einer Ecke des Zimmers die drei Schraubhaken in die Decke bohren.

3. Nun raffst du das Tuch links und rechts in einigem Abstand vom Kopf zusammen und bindest jeweils das Ende eines langen Fadens darum. Die anderen Enden dieser beiden Fäden knotest du jeweils locker an den linken und den rechten Schraubhaken.

4. Unter dem Kopf bindest du locker einen Bindfaden um das Tuch herum, damit das Gespenst einen „Hals" erhält.

5. Aus dem schwarzen Bastelpapier schneidest du zwei große Augen und einen offenen Mund aus und klebst sie vorne auf den Kopf. Nun hat das Gespenst auch ein Gesicht.

6. Zu guter Letzt wird das Gespenst an den drei Fäden in die richtige Höhe gezogen und die Fäden werden fest an den Schraubhaken verknotet.

Falls du über Schwarzlicht (mehr dazu unter „Magisches Licht") verfügst, kannst du dein Nachtgespenst damit anstrahlen und zum Leuchten bringen. Einen tollen zusätzlichen Effekt erreichst du, wenn du Augen und Mund dann nicht aus schwarzem, sondern aus Papier in Leuchtfarben anfertigst.

Im Handumdrehen zum Gespenst

Natürlich sieht so ein Gespenst nicht nur als Dekoration gut aus. Du kannst dich auch selber im Handumdrehen in eines verwandeln.

Wie bei der Dekoration benötigst du dazu ein ausrangiertes weißes Bettlaken, das du dir so über den Kopf ziehst, dass dein ganzer Körper darunter verschwindet.

Dann bittest du einen Erwachsenen dir zu helfen, indem er die Stellen, an denen deine Augen und dein Mund sitzen, mit einem Stift auf dem Laken markiert.

Anschließend schlüpfst du wieder unter dem Bettlaken hervor und schneidest die markierten Stellen aus.

Wenn du dir das Geisterkostüm jetzt überstreifst, bist du auch schon bereit für eine aufregende Spuktour!

Gespenst mit Füllung

Für gewöhnlich sind Gespenster ja durchsichtig, in diesem speziellen Fall jedoch nicht. Denn dieses Gespenst birgt ein tolles Geheimnis in seinem Inneren, das es zu lüften gilt.

Du brauchst dazu:
1 Pappmaché-Ballon
feste Kordel
weißen Stoff
Schere
schwarzen Filzstift
Konfetti
Bonbons
kleine Plastikspinnen
Tuch, um die Augen zu verbinden
Lineal oder Holzstock

---

1. Den Pappmaché-Ballon fertigst du auf die gleiche Weise an, wie unter „Schaurig schöne Gruselköpfe" auf Seite 84 beschrieben. Allerdings lässt du an der Oberseite, um den Knoten herum, ein kleines Quadrat frei, durch das du später die Süßigkeiten einfüllen kannst.

2. Hast du den Luftballon zum Platzen gebracht, bohrst du in einem Abstand von etwa 3 cm vom Rand um die Öffnung herum mit der Schere vorsichtig drei Löcher ein. Durch die fädelst du dann je ein 1 m langes Stück der Kordel. Ziehe jede Schnur bis zur Hälfte durch ein Loch und verknote sie gut.

3. Jetzt füllst du den Pappmaché-Ballon mit Konfetti, kleinen Süßigkeiten und ein paar Plastikspinnen auf.

4. Nun kommt das Stück Stoff zum Einsatz. Es sollte so groß sein, dass der Ballon ganz und gar darunter verschwindet und noch so viel Stoff überhängt, dass er locker herunterbaumelt. Lege den Stoff über den Ballon und markiere dir die Einstichlöcher für die drei Schnüre darauf. Hast du das gemacht, bohrst du drei kleine Löcher in den Stoff und ziehst die Kordel hindurch. Die losen Enden fasst du zusammen und verknotest sie.

5. Anschließend malst du dem Gespenst mit Filzstift ein Gesicht. Nun brauchst du das voll gestoppfte Gespenst nur noch an einem Ast oder einer gespannten Leine aufzuhängen.

0

Und so wird gespielt!

Dem ersten Teilnehmer werden die Augen verbunden. Er wird unter das Gespenst geführt, dort mindestens dreimal um seine eigene Achse gedreht und bekommt anschließend ein langes Lineal oder Holzstöckchen in die Hand gedrückt. Damit schlägt er nun blind nach dem Gespenst und versucht es zum Platzen zu bringen, umso an den Inhalt zu kommen.

Ist es ihm nach drei Schlägen nicht gelungen, darf der nächste Spieler sein Glück versuchen. Die Augenbinde und das Stöckchen wandern so lange von einem Kind zum anderen, bis das Gespenst zum Platzen gebracht wurde und der Inhalt herausfällt. Die vielen Süßigkeiten werden natürlich unter allen Spielern geteilt.

Aus dem Grusellexikon: Gespenster

Gespenster gibt es in vielen verschiedenen Formen. Sie können in Gestalt eines Menschen auftauchen, Schattengebilde sein oder aber auch unsichtbar bleiben. Gerüchten zufolge, verhalten sich Gespenster sehr unterschiedlich. Die einen sind freundlich, andere wiederum lieben es, Schabernack zu treiben. Und dann gibt es da auch noch die übleren Gesellen, die einem Angst und Schrecken einjagen können.

Es sieht ganz so aus, als ob Gespenster alte, große Gemäuer vorziehen. Deshalb scheint es gerade in alten englischen Schlössern besonders viele von ihnen zu geben.

Oder wurden in England einfach nur die meisten Gespenstergeschichten erfunden?

Der Geisterjäger

Wo sich Geister und Gespenster herumtreiben, tauchen hin und wieder auch Geisterjäger auf, die versuchen die lästigen Kreaturen einzufangen.

Wie wäre es, wenn auch du und deine Freunde einmal in die Rollen von Geistern und Geisterjägern schlüpfen würdet?

Wählt einen Spieler als Geisterjäger aus und verbindet ihm die Augen mit einem Tuch. Alle anderen sind Geister und tanzen um den Jäger herum. Der Geisterjäger versucht nun, einen der Geister am Kragen zu kriegen.

Wird ein Geist gefangen, muss dieser erbärmlich jammern und wimmern. Errät der Geisterjäger den Namen des gefangenen Geistes, tauschen die beiden ihre Rollen. Irrt sich der Geisterjäger, muss er den Geist wieder freilassen und erneut auf die Jagd gehen.

Aus dem Grusellexikon: Poltergeister

Poltergeister sind wohl die gefürchtetsten Geister von allen. Haben sie sich erst einmal ein Haus ausgesucht, in dem sie ihr Unwesen treiben wollen, werden die armen Bewohner sie so schnell nicht wieder los.

Oft versetzten Poltergeister die Menschen in Angst und Schrecken. Sie lassen Gegenstände durch die Luft sausen und verrücken ganze Möbelstücke. Mit unheimlichem Flüstern oder lautem Gelächter sorgen sie für Aufregung und Gänsehaut.

Da bleiben den Hausbewohnern oft nur zwei Möglichkeiten: Zähne zusammenbeißen und die Nerven behalten - oder die Koffer packen und sich nach einem neuen Zuhause umsehen.

Die unheimliche Schrift

Wenn auch du - so wie es Polstergeister gerne tun - bei dir zu Hause einmal für ordentlich Aufregung und Gänsehaut sorgen möchtest, ist dieser unheimliche Streich genau das Richtige für dich.

Ort des Geschehens ist euer Badezimmer. Was du dafür benötigst sind eine rohe Kartoffel, ein Gemüsemesser - und ein Streichopfer, das gerade eine Dusche nehmen will.

Und so bereitest du den Streich vor: du schälst die Kartoffel und schnitzt sie mit dem Messer zu einem dicken Stift.

Mit dem selbst geschnitzten Kartoffelschreiber schleichst du klammheimlich ins Badezimmer und schreibst damit in großen Buchstaben eine geheimnisvolle Nachricht auf den Badezimmerspiegel. Wie wäre es mit einem einfachen „Buuuuh" oder „Gefahr droht!".

Die Schrift ist jetzt noch völlig unsichtbar. Erst wenn der heiße Dampf aus der Dusche aufsteigt, beschlägt der Spiegel und bringt sie zum Vorschein.

Deinem Streichopfer werden vor Entsetzen wahrscheinlich die Haare zu Berge stehen, wenn es nichts Böses ahnend aus der Dusche steigt und plötzlich die aus dem Nichts aufgetauchte Botschaft entdeckt.

Geister am laufenden Band

Wenn du dein Zimmer für eine Geisterparty dekorieren möchtest, sollten die „Geister am laufenden Band" auf gar keinen Fall fehlen. Bei düsterer Beleuchtung, ziehen sie kleine und große Gäste sofort in ihren Bann.

Du brauchst dazu:
Lichterkette mit 10 farblosen Birnchen
10 weiße Tischtennisbälle
10 Stücke dünnen weißen Leinenstoff à 40 x 25 cm
weißes Nähgarn
schwarzen Filzstift

1. Ganz wichtig: Bitte einen Erwachsenen mit einem scharfen Messer in jeden Tischtennisball ein kleines Kreuz zu ritzen, durch das du später die Birnchen der Lichterkette stecken kannst.

   Da das Hantieren mit einem scharfen Messer auf der glatten Oberfläche der Tischtennisbälle wirklich sehr gefährlich ist, da du ganz schnell abrutschen kannst, solltest du diesen Teil der Bastelarbeit unbedingt von einem Erwachsenen durchführen lassen!

2. Nimm den ersten Tischtennisball zur Hand und lege ihn in die Mitte eines der Stoffstücke. Falte den Stoff um die Kugel herum und binde ihn mit dem weißen Nähgarn fest zusammen. Achte dabei darauf, dass die Öffnung des Balls nach oben zeigt. Den Stoff zupfst du dann so zurecht, dass die rechte und die linke Seite jeweils den gleichen Abstand zum Kopf haben. Jetzt hast du schon ein Gespenst.

3. Mit einer spitzen Schere durchstößt du nun den Stoff, der das Loch des Tischtennisballes bedeckt. Das Loch im Stoff kann ruhig etwas kleiner sein, als das im Ball.

4. Jetzt fehlt nur noch das Gesicht. Das malst du dem Geist mit dem schwarzen Filzstift auf. Anschließend schiebst du das erste Birnchen der Lichterkette in das Loch im Kopf des Geistes. Achte darauf, dass die Birne an keiner Stelle den Tischtennisball oder das Tuch direkt berührt. Sicher ist sicher!

Auf die gleiche Art und Weise stellst du auch die restlichen neun Gespenster her. Die Geister am laufenden Band brauchst du dann nur noch aufzuhängen.

Das tickende Gespenst

Wie allgemein bekannt ist, tritt nicht jedes Gespenst gerne sichtbar in Erscheinung. Einige ziehen es vor, sich lediglich durch Geräusche bemerkbar zu machen.

So ein Gespenst kannst du auf deinem nächsten Gruseltreffen auftreten lassen. Nenne es das tickende Gespenst und schicke jeden deiner Besucher einzeln auf die Suche nach ihm.

Natürlich hast du kein Gespenst im Haus sondern lediglich einen mechanischen Wecker, der möglichst laut tickt.

Los geht's! Der erste Geisterjäger wird vor die Tür geschickt und muss dort warten, bis du den tickenden Wecker gemeinsam mit den anderen im Partyzimmer versteckt hast.

Dann wird der Spieler wieder hereingerufen und darf sich auf die Suche nach dem tickenden Gespenst machen. Die Zeit, die er braucht um es zu finden, wird gestoppt.

Ist der Wecker entdeckt, kommt der nächste Spieler an die Reihe. Bester Geisterjäger ist dann der Spieler, der das tickende Gespenst in der kürzesten Zeit gefunden hat.

Aus dem Grusellexikon: Schwarze Witwe

Die Schwarze Witwe ist nicht etwa eine Frau, die sich dunkel kleidet, weil ihr Mann gestorben ist sondern eine Spinne, mit höchst merkwürdigem Benehmen. Ihren Namen verdankt sie der Tatsache, dass sie ihren Mann gleich nach vollzogenem Liebesakt mit einem giftigen Biss ins Jenseits befördert.

Nebenbei bemerkt: Hast du gewusst, dass es weltweit über 30.000 verschiedene Arten von Spinnen gibt? Kaum vorzustellen, was für ein Gewusel das wäre, wenn du von jeder Art nur eine Einzige in deinem Keller hättest.

Ein zuckersüßes Spinnennetz

Spinnen und ihre dicht gewebten Netze eignen sich auch ganz hervorragend zur Dekoration einer Schokoladentorte. Da wird selbst das Naschen zu einem gruseligen Erlebnis.

Du brauchst dazu:
Schokoladentorte
50 g Puderzucker
etwas Wasser
kleine Plastiktüte
Plastikspinne

Wie du dir sicherlich schon denken kannst, bestehen Netz und Spinne in diesem Fall aus ganz anderem Material, nämlich aus Zuckerguss.

Verrühre den Puderzucker mit etwas Wasser zu einer zähen Masse und fülle diese in eine kleine Plastiktüte.

Wenn du nun eine winzig kleine Ecke des Tütchens abschneidest, erhältst du einen Spritzbeutel, mit dem du ein feines Spinnennetz aus Zuckerglasur auf die Schokoladentorte auftragen kannst.

Ist dein Spinnennetz fertig, setzt du die Plastikspinne in dessen Mitte. Weise deine Gäste sicherheitshalber beim Anschneiden darauf hin, dass die Spinne nur zur Dekoration dient und nicht gegessen werden kann!

Möchtest du auf Plastik lieber verzichten, kannst du auch selber eine Spinne aus Lakritzschnecken zurechtbiegen und ins Netz setzen.

Spinnennetze

Wo sich Gespenster, Vampire, Poltergeister und andere Kreaturen der Nacht herumtreiben, wimmelt es nur so von Spinnweben und deren sechsbeinigen Bewohnern.

In den Ecken deines Zimmers tragen schöne große Spinnweben auf deiner Gruselfete ganz erheblich zur richigen Atmosphäre bei.

Um an Spinnweben zu kommen, hast du zwei Möglichkeiten:

1. Du planst das Fest schon einige Jahre im Voraus und wartest darauf, dass ein paar fleißige Spinnen in der Zwischenzeit ihre Arbeit tun.

2. Du verzichtest auf den Einsatz dieser sechsbeinigen Tierchen und bastelst dir deine Spinnweben im Handumdrehen selbst.

Entscheidest du dich für den ersten Vorschlag, dann wünschen wir dir viel Spaß und Geduld beim Warten.

Ziehst du allerdings den zweiten Vorschlag vor, benötigst du Vlies. Dieses Material bekommst du in der Stoffabteilung jedes Kaufhauses. Um ein normales Zimmer mit künstlichen Spinnweben zu versehen, reicht ein Meter davon vollkommen aus.

Vlies besteht aus mehreren zusammengepressten Schichten. Ziehe die einzelnen Schichten vorsichtig auseinander.

Dann dehnst du jede Vliesschicht ganz sachte und vorsichtig. Dabei wird die Struktur immer feiner und feiner, bis du schließlich ein hauchdünnes Spinnennetz zurechtgezupft hast.

Die einzelnen Spinnweben hängst du mit Stecknadeln an den gewünschten Stellen auf. Diese Nadeln haben nicht nur den Vorteil, dass sie kaum zu sehen sind. Schiebst du sie vorsichtig unter die Tapete, kannst du sie später wieder herausziehen, ohne dass sichtbare Löcher zurück bleiben.

Zusätzlich kannst du ein paar kleine Spinnweben über Bücher, Vasen oder Bilder hängen.

Zum Schluss setzt du noch ein paar dicke Plastikspinnen in die Netze. Na, stehen dir bei diesem Anblick nicht die Haare zu Berge?

Gigantische Spinnen

Wenn du keine Plastikspinnen hast, die du in deine Spinnweben setzen kannst, ist das kein Problem. Du kannst dir ganz einfach selbst ein paar fette Exemplare basteln.

Du brauchst für eine Spinne:

dünne Pappe
Zirkel
Schere
schwarze Wolle
3 schwarze Pfeifenreiniger
Stopfnadel
2 kleine rote Perlen
Klebstoff

🕷 Für den Körper einer Spinne brauchst du eine dicke schwarze Bommel. Dazu faltest du ein Stück Pappe in der Mitte, so dass sie doppelt liegt.

🕷 Mit Hilfe eines Zirkels zeichnest du darauf einen Kreis und in dessen Mitte einen zweiten kleineren. Die Größe des Außenkreises richtet sich ganz danach wie groß und fett deine Spinne werden soll. Den Innenkreis solltest du im Abstand von etwa 5 cm ziehen. Den Außen- und Innenkreis schneidest du dann mit der Schere aus. Jetzt hast du zwei identische Papierringe.

🕷 Anschließend fädelst du einen langen schwarzen Wollfaden so in die Stopfnadel ein, dass er doppelt liegt und beginnst, die aufeinander liegenden Pappringe damit zu umwickeln. Achte dabei darauf, dass du die Ringe ganz dicht mit der Wolle umwickelst. Das machst du so lange bis das innere Loch ganz ausgefüllt ist.

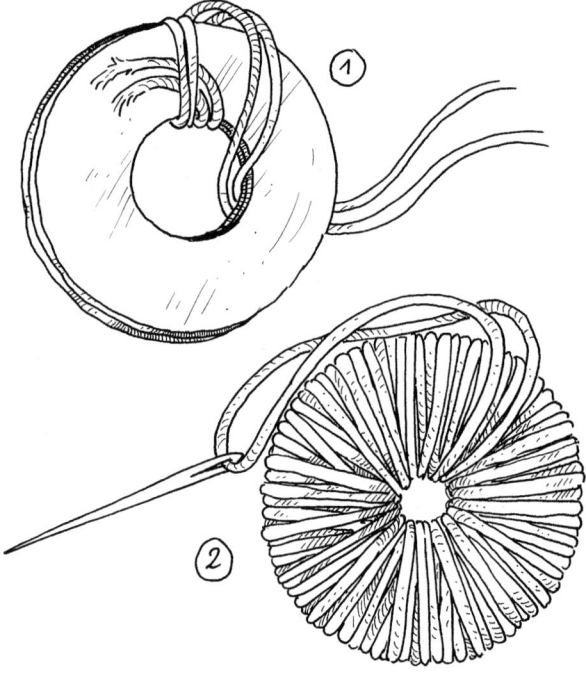

* Bist du so weit, schneidest du die Wolle am Außenrand entlang mit der Schere auf. Dabei öffnen sich die vielen Wollfäden zu einer Bommel. Damit die einzelnen Fäden zusammenhalten, wickelst du zwischen die beiden Ringe noch einen langen Wollfaden, ziehst ihn ganz fest zusammen und verknotest ihn. Dann schneidest du die Pappringe auf und ziehst sie heraus.

* Die drei Pfeifenreiniger legst du zusammen, umwickelst sie in der Mitte mit einem Stück Wolle und nähst sie mit dem verbleibenden Faden an die Unterseite der Bommel an. Sitzen sie fest, kannst du die sechs Beine der Spinne in Form biegen.

* Zum Schluss klebst du noch die roten Perlen als Augen auf die Bommel und schon kannst du die erste Spinne in ihr Netz setzen.

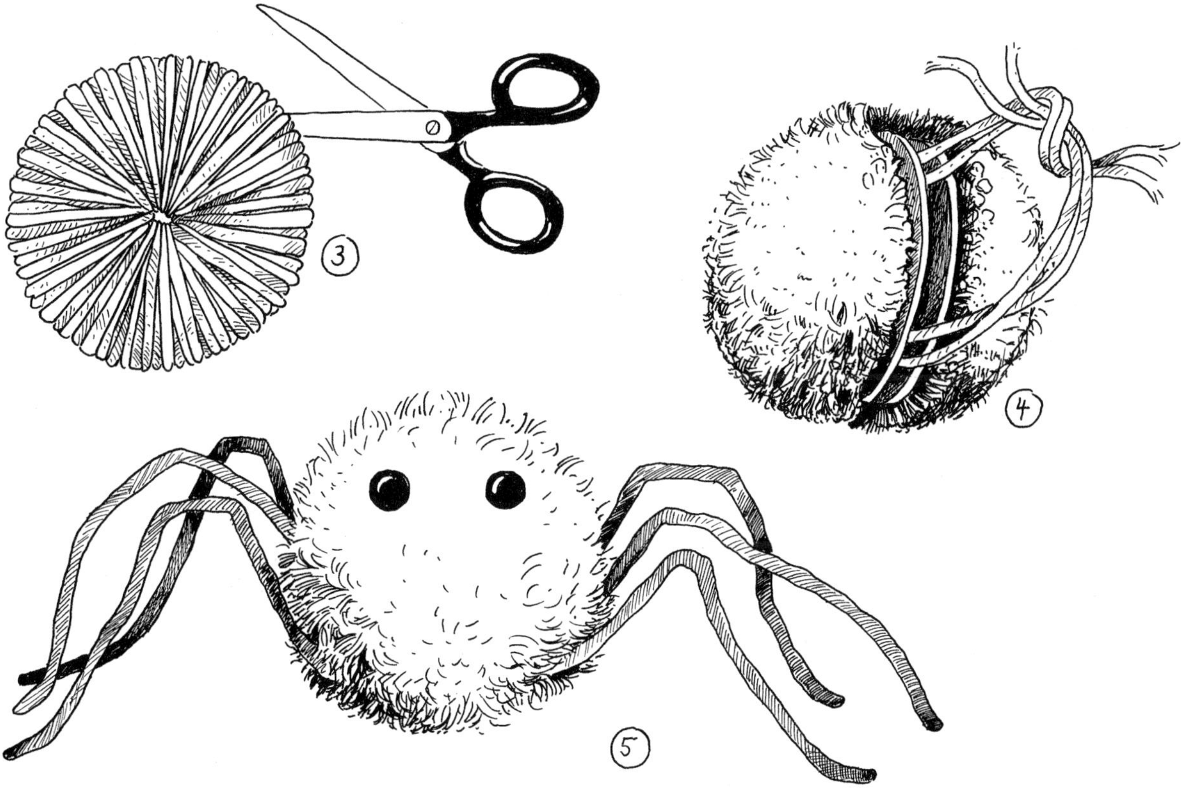

Mit Volldampf zum Hexentanz

Wenn du selbst einmal als Hexe durch die Gegend reiten möchtest, musst du dazu natürlich keine magischen Kräfte besitzen. Ein passendes Kostüm tut's für den Anfang auch.

Du brauchst dazu:
großes Stück schwarzen Stoff
kleinen Druckknopf
2 Bögen schwarze Pappe
Schere und Klebstoff
Besenstiel
dünne Zweige
Bindfaden
lange künstliche Fingernägel

❀ Schneide dir aus einem großen Stück Stoff einen Umhang zurecht, der dir bis zu den Waden geht. Befestige am Halsausschnitt einen kleinen Druck-knopf zum Schließen.

Unter dem Umhang kannst du eigent-lich anziehen, was du möchtest, nur schwarz oder grau sollte es sein, da-mit du recht unheimlich wirkst.

❀ Den Hexenhut bastelst du aus Pappe. Dazu schneidest du einen großen Kreis, die Hutkrempe, aus der Pappe heraus. Aus der Mitte dieses Kreises schneidest du dann einen kleinen Kreis aus. Das Loch muss so groß sein, dass du die Krempe auf deinen Kopf setzen kannst.

Schneide in den Innenrand viele kleine Zacken ein und klappe sie nach oben.

Aus der zweiten Pappe rollst du einen großen Kegel. Das Unterteil muss genau auf den Innenrand der Hut-krempe passen. Die beiden Teile klebst du dann mit etwas Klebstoff zusammen.

❀ Für den Hexenbesen legst du die Zweige dicht aneinander um ein Ende des Besenstiels und bindest sie mit dem Faden fest zusammen, so dass ein buschiger Reisigbesen entsteht.

❀ Jetzt brauchst du nur noch die falschen Fingernägel anzukleben und schon kannst du auf deinem Hexen-besen losdüsen.

Aus dem Grusellexikon: Hexen

Hexen sind sehr geheimnisvolle und rätselhafte Wesen. Es heißt, sie können auf Besen um die ganze Welt fliegen und die Gestalt jedes Tieres annehmen. Außerdem sagt man ihnen außergewöhnliche, magische Kräfte nach. Sie können Gesundheit und Glück bringen aber auch Krankheit und Pech. Aber ganz egal ob gut oder böse, alle Hexen der Welt treffen sich einmal im Jahr - in der Walpurgisnacht - auf dem Blocksberg zum gemeinsamen Tanz ums Feuer.

Der Blick in die Zukunft

Hexen, so heißt es, besitzen viele magische Kräfte. So können sie zum Beispiel Ereignisse voraussagen.

Was hältst du davon, selbst einmal in die Rolle eines Wahrsagers oder einer Wahrsagerin zu schlüpfen und deine Freunde mit einem magischen Blick in deren Zukunft zu überraschen?

Du denkst, das ist nicht möglich? Irrtum! Mit dem folgenden Trick kannst du jeden von deinen außergewöhnlichen Fähigkeiten überzeugen.

Du brauchst dazu:
Saft einer Zitrone
einige Notizzettel
dünnen Pinsel
Lampe mit einer 100 Watt Birne

Bevor du aber für andere einen Blick in die Zukunft werfen kannst, sind allerdings ein paar Vorbereitungen nötig.

Tauche einen Pinsel in den Zitronensaft und beschrifte damit die Notizzettel. Auf einige schreibst du mit der Geheimtinte je eine Zahl. Die anderen versiehst du mit den Worten „Nein", „Ja" und „Vielleicht". Weil die Schrift vorerst unsichtbar ist, solltest du die Zettel so stapeln, dass du genau weißt, auf welchen die Zahlen und auf welchen die Worte stehen. Die zwei Stapel legst du vor dich auf den Tisch.

Jetzt brauchst du nur noch eine Lampe, die dir als „magische Kristallkugel" dient. Ideal wäre zum Beispiel eine Nachttischlampe, von der du einfach nur den Schirm herunternimmst. Stelle sie vor dich auf den Tisch.

Nun kannst du den ersten Kandidaten, der etwas über seine Zukunft wissen möchte, zu dir bitten und eine Frage stellen lassen.

Lautet die Frage etwa „Welche Note werde ich auf meinem nächsten Zeugnis in Mathematik bekommen?" oder „Wie lange dauert es noch bis ich ein neues Fahrrad bekomme?", ziehst du einen der Zettel, die mit einer Zahl beschriftet sind, aus dem entsprechenden Stapel.

Halte das scheinbar leere Blatt dicht vor die Glühbirne. Nach einer kurzen Weile wird plötzlich, wie aus dem Nichts, eine

Zahl auf dem Papier erscheinen und du kannst die Frage beantworten.

Ist die gestellte Frage eher mit „Ja", „Nein" oder „Vielleicht" zu beantworten, nimmst du einen Zettel von dem entsprechenden Stapel.

Jeder, der durch dich einen Blick in die Zukunft wagen möchte, wird von deinen magischen Kräften überzeugt sein und große Augen machen. Denn, wer so mir-nichts-dir-nichts Zahlen oder Worte zum Erscheinen bringen kann, der muss doch einfach außergewöhnliche Fähigkeiten haben! Oder?

Geschminkt wie eine Hexe

Perfekt wird dein Hexenkostüm durch ein passendes Make-up. Mit ein biss-chen Faschingsschminke ist das gar nicht so schwer herzustellen.

1. Für die Grundfarbe deines Hexenge-sichts mischst du dir aus weißer und schwarzer Faschingsschminke einen leichten Grauton zusammen und trägst ihn mit einem feuchten Schwämmchen auf dein Gesicht auf. Achte darauf, dass du die Farbe gleichmäßig verteilst und alle Hautstel-len bedeckst. Die Ohren und den Hals nicht vergessen.

2. Damit sich die Grundierung nicht so schnell wieder löst oder verwischt, deckst du sie mit einem Hauch Trans-parentpuder ab. So glänzt das Gesicht auch dann nicht wie eine Speck-schwarte, wenn es richtig heiß hergeht.

3. Jetzt kommt die Schattierung, um düstere Konturen ins Gesicht zu zau-bern. Dazu mischst du dir aus der weißen und schwarzen Schminke wieder einen Grauton, der diesmal aber etwas dunkler als die Grundfarbe sein muss.

   Diese Mischung trägst du mit einem dünnen Pinsel auf. Beginne mit einem kräftigen Schatten um die Augen her-um. Das lässt dich schon recht müde und abgeschlafft aussehen.

   Um die Haut alt und verrunzelt wirken zu lassen, kneifst du dein Gesicht zusammen und füllst alle dabei entste-henden Falten mit der grauen Farbe aus. Wenn du dein Gesicht anschlie-ßend wieder entspannst, siehst du bereits 100 Jahre älter aus.

4. Die Augenbrauen verstärkst du mit einem dunkelgrauen Kajalstift. Du darfst sie dabei ruhig etwas verlängern und verbreitern, damit du noch un-heimlicher aussiehst.

5. Die Lippen kannst du je nach Lust und Laune schwarz, dunkelgrau oder lila anmalen. Diese Farben passen alle hervorragend zu einem Hexengesicht.

Aus der Hexenküche

Wenn Gewitterhexen und Kräuterfrauen den Kochlöffel schwingen, kommt meist etwas sehr Mysteriöses dabei heraus. Zum Beispiel diese tolle Hexengrütze.

Du brauchst dazu:
3 Packungen Wackelpudding
in den Farben: rot, grün, gelb
Wasser
Zucker
getrocknete Pflaumen
rote Cocktailkirschen
Fruchtgummiwürmer

1. Bereite jeden Wackelpudding nach den Anweisungen auf den Packungen zu.

2. Gieße den roten Wackelpudding langsam in eine Glasschüssel und gib dabei nach und nach ein paar getrocknete Pflaumen dazu. Dann stellst du ihn zum Erstarren kalt.

   Diese Mischung kündigst du später als „Verschrumpelte Fledermausohren in geliertem Drachenblut" an.

3. Den grünen Wackelpudding bereitest du genauso wie den roten zu. Nur mischst du jetzt die Cocktailkirschen anstelle der Pflaumen unter.

   Serviert wird das köstliche Hexengeschlabber dann als „Feuer speiende Augen in 100-jährigem Monsterschleim".

4. In den gelben Wackelpudding legst du ein paar Fruchtgummiwürmer. Die sehen so aus, als würden sie sich gerade an der leckeren Speise zu schaffen machen. Empfiehl deinen Gästen deshalb lieber etwas schneller zu essen, bevor die kleinen Fresser nichts mehr übrig lassen. Na, fällt dir zu dieser Mischung selbst ein guter Name ein?

Aus dem Hexenkessel

Sicherlich weißt du ja, dass Hexen aus Spinnenbeinen, Augäpfeln, Rattenschwänzen und einer Menge anderer merkwürdiger Zutaten ganz außergewöhnliche Kraftdrinks mixen. Warum überraschst du deine Freunde nicht einmal mit einem ähnlich sonderbaren Hexentrunk?

Du brauchst dazu:
2 l dunklen Traubensaft
1 l Zitronenlimonade
20 - 25 dunkle Trauben
10 Gummibonbons
in Form von Würmern

Gieße den Traubensaft und die Limonade in einen großen Glaskrug. Gib die gewaschenen Trauben und die Gummibonbon-Würmer hinzu. Umrühren. Fertig ist der hexenmegascharfe Zaubertrunk!

Auf den ersten Blick sieht dein Hexenmix zwar äußerst unappetitlich aus, weil die Trauben wie Monsteraugen an der Oberfläche schwimmen und sich dazwischen auch noch Würmer tummeln. Dafür schmeckt er aber teuflisch gut!

Der Schatz der Hexe

Was Hexen einmal in ihrem Besitz haben, geben sie nur ungern wieder her. Sie hüten es wie ihren Augapfel und bestrafen alle, die auch nur den kleinsten Versuch unternehmen, an ihre Schätze heranzukommen.

Bei diesem lustigen Spiel kannst du in die Rolle einer wachsamen Hexe schlüpfen und deine Reichtümer beschützen.

Markiere mit Kreide einen Kreis von etwa zwei Metern Durchmesser auf dem Fußboden, setze dich als Hexe dort hinein und verteile um dich herum einige Süßigkeiten, deinen Schatz. Achte darauf, dass deine ganzen Reichtümer nur im Inneren des Kreises liegen. Dann verbindest du dir die Augen mit einem Tuch.

Alle anderen stehen in einiger Entfernung vom Kreis herum. Sie haben die Aufgabe, sich klammheimlich an den Hexenschatz heranzuschleichen und unbemerkt eine Nascherei an sich zu nehmen. Dabei machen sie geisterhaft schauerliche Geräusche, um die Hexe abzulenken.

Erwischt die Hexe einen Räuber, indem sie mit dem Finger in dessen Richtung weist, muss der sich sofort wieder vom Kreis entfernen und einen neuen Versuch starten.

Bei jedem Versuch darf immer nur eine Süßigkeit genommen werden. Nach einer Weile sollten die Seiten auch mal gewechselt werden und ein anderes Kind in die Rolle der wachsamen Hexe schlüpfen.

Schaurig, aber wahr: Die Trommeln des Todes

Wenn ein längst verstorbener Trommeljunge eines Tages aus dem Jenseits wiederkehrt, hat er bestimmt einen wichtigen Grund dafür ...

Ein Festmahl auf Cortachy Castle in England. Lord und Lady Airlie haben Gäste geladen. Das Essen ist hervorragend. Die Gläser klingen. Die Stimmung ist glänzend. Da meldet sich eine Dame, die zum ersten Mal zu Gast im Schloss ist, zu Wort. Sie bedankt sich für die freundliche Einladung und fügt dann hinzu: „Während ich mich zum Essen umgekleidet habe, ist etwas sehr Seltsames passiert."

Die Gastgeber wenden sich ihr zu und bitten sie, zu erzählen. Auch die anderen Gäste blicken sie neugierig und erwartungsvoll an.

Da berichtet die Dame, dass sie beim Ankleiden vor ihrem Fenster Trommelschlagen gehört habe. Kaum hat sie angefangen, herrscht an der Tafel plötzlich eisiges Schweigen. Abgesehen von nervösem Füßescharren und verlegenem Räuspern ist es mucksmäuschenstill im Raum. Die Gastgeber sind leichenblass.

Der Dame wird augenblicklich klar, dass sie in ein Fettnäpfchen getreten ist. Obwohl sie nicht versteht, was sie falsch gemacht hat, verzichtet sie lieber darauf, nachzufragen. Offensichtlich ist die Angelegenheit den Anwesenden fürchterlich peinlich und äußerst unangenehm. Erstaunt und verwirrt wechselt sie rasch das Thema.

Später am Abend wird sie von einem der Gäste unauffällig beiseite genommen und über den

Grund für den
Schrecken aufgeklärt, den ihre eigentlich harmlose Bemerkung beim
Essen ausgelöst hat. Und nun wird sie selber blass.

Die Trommelklänge, die sie gehört hat, gelten als böses Zeichen. Sie erfährt,
dass vor vielen Jahren ein Trommeljunge den damaligen Lord verärgert hat.
Erzürnt ließ dieser den Jungen in dessen Trommel stecken und vom
Schlossturm in die Tiefe werfen, wo der arme Junge zu Tode kam.
Doch vor seinem Tod verfluchte er die ganze Familie auf alle Zeiten.

Seitdem ist jedes Mal, wenn die Trommel vor dem Schloss zu hören
war, kurz darauf ein Mitglied der Familie gestorben.

Am nächsten Tag vernimmt die Dame die Trommel erneut vor dem Fenster. Die Sache ist ihr so unheimlich, dass sie sich bei ihren Gastgebern
unter einem Vorwand entschuldigt und unverzüglich abreist. Deshalb
erlebt sie auch nicht mit, wie kurz darauf das eintritt, was die Trommel
angekündigt hat.

Denn wenige Stunden später ist Lady Airlie tot. Und sie wird
noch lange nicht das letzte Mitglied der Familie sein, dem
der schaurige Klang der geheimnisvollen Trommel aus dem Jenseits das letzte Stündchen
verkündet.

Schaurig schöne Gruselköpfe

Wenn du auf Monsterfratzen stehst oder dein Zimmer gerne unheimlich dekorieren möchtest, sind gruselige Masken genau das Richtige für dich. Wie wäre es zum Beispiel mit einer Werwolfsmaske?

Du brauchst dazu:
1 großen Luftballon
Tapetenkleister
Wasser
Zeitungspapier
Nadel
Bindfaden
Wasserfarben
Klebstoff
braune Wolle

1. Blase einen Luftballon auf und verknote ihn gut.

2. Rühre den Tapetenkleister wie auf der Packung angegeben mit Wasser an. Dabei entsteht eine schleimige Masse.

3. Das Zeitungspapier reißt du in schmale Streifen. Lege immer ein paar davon in den angerührten Kleister, damit sie sich richtig voll saugen können.

4. Dann deckst du den aufgeblasenen Luftballon mit mehreren Lagen des feuchten Papiers ab. Lasse jede Schicht gut trocknen, bevor du die Nächste auflegst.

5. Ist die Papiermasse vollständig angetrocknet, bringst du den Ballon mit einer Nadel zum Platzen und schneidest den Pappmachéballon von oben nach unten in der Mitte durch.

6. Lege eine Hälfte zur Seite. In die andere stichst du in die Mitte des oberen Randes ein kleines Loch und ziehst ein Stück Bindfaden durch. Daran kannst du die Maske später aufhängen.

7. Nun pinselst du die Vorderseite der Maske hellbraun an. Feuchte den Pinsel dabei aber nicht zu sehr an, da das Pappmaché sonst wieder aufweichen könnte. Mit einem dunkleren Braunton malst du die Umrisse von Augen, Nase, Mund und gefährlich langen Zähnen auf. Die Zähne werden anschließend mit Deckweiß ausgemalt.

8. Ist die Farbe getrocknet, schneidest du die Augen und den Mund vorsichtig aus.

9. Anschließend schneidest du dir jede Menge kurze Wollstücke zurecht und klebst sie Fädchen für Fädchen auf das Gesicht bis es dicht behaart ist.

Nach einer kurzen Trockenphase kannst du die fertige Wolfsmaske dann an die Wand hängen. Um sie noch schauerlicher wirken zu lassen, kannst du eine rote Glühbirne dahinter anbringen. So hat dein Werwolfskopf feuerrote Augen und einen glühenden Mund.

Wichtiger Tipp: Achte beim Anbringen auf genügend Abstand zwischen Glühbirne und Maske und lass dir am besten von deinen Eltern dabei helfen.

Aus der anderen Hälfte des Pappmachéballons kannst du eine weitere Maske anfertigen. Wie wäre es mit Frankenstein, einem Vampir oder einer anderen Horrorgestalt deiner Fantasie?

Ein Friedhof zum Vernaschen

Ein ganz besonderer Clou könnte auf deiner Gruselfete ein kleiner Friedhof sein. Keine Angst, dieser besondere Friedhof braucht nicht allzu viel Platz.

Und das Beste daran: sobald ihn alle ausgiebig bewundert haben, kannst du ihn gemeinsam mit deinen Gästen futtern!

Du brauchst dazu:
250 g Butter
250 g Zucker
1 Päckchen Vanillezucker
5 Eier
1 Esslöffel Kakao
150 g gemahlene Mandeln
100 g Mehl
1 Teelöffel Backpulver
200 g Kuvertüre
1 Packung Marzipan-Rohmasse
100 g Puderzucker
etwas Kakaopulver
Zahnstocher

So wird der süße Friedhof gemacht:

1. Gib Butter, Zucker und Vanillezucker in eine Schüssel und rühre sie mit dem Handmixer gut durch. Die Eier nach und nach hinzugegeben und die Mischung schaumig rühren.

2. Nun kommen Kakao, Mandeln, Mehl und Backpulver dazu. Rühre alles so lange bis daraus ein glatter Teig entsteht.

3. Den fertigen Teig gibst du auf ein eingefettetes Kuchenblech und verteilst ihn gleichmäßig. Streiche den Teig mit einem Löffel schön glatt.

4. Ab geht's in den Ofen, wo der Kuchen auf mittlerer Schiene bei 175°C etwa 40 Minuten backen muss.

5. Wenn der Kuchen fertig gebacken ist, stellst du das Blech zum Abkühlen beiseite.

6. In der Zwischenzeit verknetest du die Marzipan-Rohmasse mit dem Puderzucker und formst daraus Miniatur-Grabsteine. Um sie etwas älter aussehen zu lassen, tauchst du deinen Finger in etwas Kakaopulver und streichst damit vorsichtig über jede Marzipanplatte.

7. Mit dem Zahnstocher ritzt du Inschriften in die Grabsteine. Wie wäre es zum Beispiel mit den Namen deiner Gäste?

8. Mittlerweile dürfte der Kuchen vollkommen ausgekühlt sein, so dass du ihn mit Schokolade überziehen kannst. Dazu bröckelst du die Kuvertüre in einen Becher und bringst sie in einem warmen Wasserbad zum Schmelzen.

9. Die geschmolzene Schokolade gießt du dann über den Kuchen, verteilst sie gleichmäßig und drückst die Marzipan-Grabsteine in die Kuvertüre.

10. Schon kann dein süßer Friedhof auf dem Blech serviert werden.

Aus dem Grusellexikon: Werwölfe

Am Tage sind Werwölfe ganz normale Menschen - oder besser gesagt Männer, denn ein weiblicher Werwolf wurde bis heute noch nicht gesichtet. Erst in der Nacht und besonders dann, wenn sich der Mond in voller Größe am Himmel zeigt, nimmt der Werwolf seine schreckliche Wolfsgestalt an. Dann zieht er zähnefletschend durch die Gegend und sucht sich seine Opfer.

Solltest du jemals nachts durch die Straßen gehen und dir dabei ein Werwolf über den Weg laufen, dann gibt's nur eins: Nimm deine Beine in die Hand und renne so schnell du kannst! Denn wer von ihm gebissen wird, verwandelt sich selbst in einen Werwolf!

Gruselparty

Ob Tanz der Vampire, Monstersitzung oder Gespenstertreff - eine Gruselparty will geplant sein, damit auch alles reibungslos klappt.

Wie planst du eine Fete?

Eine tolle Party lässt sich nicht von heute auf morgen auf die Beine stellen. Zwei bis drei Wochen Vorbereitungszeit solltest du dir schon nehmen, denn es gibt viel zu tun.

Als Erstes stellst du dir die Frage, wo du feiern willst. Findet die Gruselfete in deinem Zimmer, in düsteren Kellerräumen, in einem Partyraum oder in der Garage statt?

Als Nächstes solltest du dir überlegen, für wie viele Gäste du Platz hast und wen du alles einladen möchtest.

An welchem Tag lässt du die Party am besten steigen? Ideal wäre zum Beispiel ein Samstag, da sonntags keine Schule ist und Eltern da bekanntlich gerne mal ein Auge zudrücken, wenn es um die Schlafenszeit geht. Vielleicht drücken sie ja sogar beide Augen zu und du darfst bei dieser tollen Gelegenheit gleich ein paar Freunde bei dir übernachten lassen.

Um welche Uhrzeit soll der Spaß beginnen? Der frühe Abend, wenn es draußen schon ein wenig dämmert, wäre für eine Spukfete natürlich ideal.

Was wirst du mit deinen Gästen alles unternehmen? Fertige dir einen Spielplan an, damit ihr auch rund um die Partyzeit beschäftigt seid. So kann auf gar keinen Fall Langeweile aufkommen.

Bevor die Fete beginnt, solltest du auch schon klären, wer dir bei den Vorbereitungen und beim Aufräumen hilft. Richtig organisiert kann beides zu einem Riesenspaß werden. Deine Freunde packen bestimmt gerne mit an.

Drei bis vier Tage vor der Fete wird es dann Zeit, sich um die Einkaufsliste zu kümmern. Alle nötigen Utensilien für die Dekoration und die Verkleidung des Partyraumes sollten daraufstehen. Die Zutaten für Speisen und Getränke dürfen natürlich auch nicht vergessen werden. Und wenn du auch noch kleine Preise und das eine oder andere Zubehör für ein Spiel benötigst - aufschreiben nicht vergessen!

Jetzt wird eingeladen!

Die Einladungen verteilst du am Besten schon etwa zwei Wochen vor dem großen Tag. So können sich deine Gäste und deren Eltern früh genug darauf einstellen. Und sollte jemand nicht kommen können, hast du immer noch genug Zeit, ein anderes Kind einzuladen.

Deine Einladungen sollten alle wichtigen Informationen enthalten: den Ort, das Datum und die Uhrzeit für Beginn und Ende der Fete sind das Wichtigste. Aber auch das Motto deiner Party solltest du angeben, damit sich deine Gäste entsprechend verkleiden können. Und denk dran, deine Telefonnummer für eventuelle Rückfragen anzugeben.

Der Ort des Geschehens

Jetzt heißt es Ärmel hochkrempeln! Denn was sonst Kinderzimmer oder langweiliger Kellerraum ist, wird nun in eine Geisterruine oder Monsterhöhle verwandelt, um für eine gruselige Atmosphäre zu sorgen.

Doch bevor es richtig losgeht, solltest du zusammen mit deinen Helfern erst einmal alle wertvollen Gegenstände aus dem Partyraum entfernen. Scherben können zwar Glück bringen, hin und wieder aber auch für heiße Ohren sorgen. Also, geht vorsichtig mit Kostbarkeiten um und bringt sie an einen sicheren Ort.

Dann werden alle störenden Möbelstücke zur Seite gerückt und ausreichend Sitzgelegenheiten herbeigeschafft. Kein Partygast steht sich gerne über Stunden die Beine in den Bauch. Deshalb sollte sich jeder zwischendurch auch einmal hinsetzen und ausruhen können.

Hallo Nachbar!

Da eine Party schon mal ein wenig aus den Fugen geraten und es etwas lauter als gewöhnlich zugehen kann, empfiehlt es sich auf jeden Fall, die Nachbarschaft über dein Vorhaben zu informieren. Schau persönlich bei ihnen vorbei oder wirf ihnen eine kurze aber nette Nachricht in den Briefkasten. Diese kleine Geste bringt dir bestimmt einige Pluspunkte ein und auch der sonst eher miesepetrige Nachbar Maulemann wird dann nicht gleich bei jedem Geräusch auf der Matte stehen und sich beschweren.

Hab Erbarmen!

Feiern ist eine tolle Sache und nahezu jeder Mensch ist mit Begeisterung dabei. Aber wie sieht es mit den anderen Mitbewohnern, den Haustieren, aus? Wenn du nicht möchtest, dass sich dein Vierbeiner, ob Katze oder Hund, aufgeschreckt und ängstlich in eine Ecke verkrümelt, sorge dafür, dass er von Spuk und Schabernack verschont bleibt. Vielleicht überraschst du ihn mit einem Besuch bei den Großeltern oder Freunden.

Das Gruselbüfett

Keine Frage, wer tanzt, spielt und kräftig herumspukt bekommt auch großen Hunger und riesigen Durst! Nun könntest du zwar einfach Chips und Cola servieren, aber besonders aufregend wäre das nicht. Und gruselig schon gar nicht. Lass dir deshalb etwas Originelles einfallen. Am Besten richtest du ein kleines Büfett her, an dem sich jeder nach Lust und Laune selbst bedienen kann. Was es da zu futtern und zu trinken geben kann, dafür findest du in diesem Buch eine Menge Anregungen. Und selbst fällt dir bestimmt auch etwas ein.

Um aufwendigere Sachen wie Kuchen, Partybrötchen oder Suppen kümmerst du dich am Besten schon einen Tag vor der Fete. Salate und Mixgetränke jedoch werden erst kurz vor dem Servieren zubereitet, damit sie frisch und appetitlich sind.

Und dann kann's auch schon losgehen! Jetzt, wo du alles vorbereitet hast, kann die Party steigen! Nichts wie rein ins Vergnügen und lasst es kräftig spuken!

Die AutorInnen

BETTINA GRABIS

begann ihre Autorenlaufbahn Mitte der
Achtziger als freie Journalistin. Seit 1993
schreibt sie schwerpunktmäßig Kinder-
bücher. Mit ihrem ersten Kinderroman
„Bobbo, das Kellermonster", der 1996 in
Deutschland veröffentlicht wurde, hat sie
Anfang '97 nun auch den Sprung auf den
nordamerikanischen Kontinent geschafft.
Sie lebt mit ihrem Ehemann, mit dem sie
u.a. auch dieses Buch gemeinsam verfasst
hat, einem Hund und vier Katzen fernab
der Großstadthektik am Rande der Eifel.

GÜNTER W. KIENITZ

Nach dem Studium der Sozialwissenschaften und
einer Ausbildung an der Bayerischen Staatslehr-
anstalt für Photographie arbeitete er anfangs als
freier Fotograf und Journalist für verschiedene
Zeitschriften und Agenturen. Seit Anfang '93
schreibt er schwerpunktmäßig für Kinder und
Jugendliche. Seit Anfang '95 übersetzt er außerdem Kinder- und Jugendbücher aus dem Engli-
schen/Amerikanischen, u.a. die GänsehautBuch-
serie von R. L. Stine.

Günter W. Kienitz & Betina Grabis

Reingelegt & Angeschmiert

Coole Streiche und verblüffende Tricks

Hier ist nun das Buch dazu!

In dem Buch finden sich über sechzig Ideen und Anregungen für verblüffende Streiche und erstaunliche Tricks. Jede Wette: mit so vielen komischen und verblüffenden Ideen ist für lange Zeit jede Menge Spaß garantiert.

Zwei Kostproben: Es ist Nacht. Das Streichopfer tappt müde über den Flur, öffnet nichts Böses ahnend seine Zimmertür...und kippt vor Schreck fast aus den Latschen. Vor seinen Augen schwebt ein unheimliches Gespenst durchs Zimmer...
oder: ...eine geheimnisvolle Schrift, die auf einem angelaufenen Spiegel auftaucht, sorgt für eine dicke Gänsehaut. Mit einem kleinen Trick lässt sich so etwas auch auf den Badezimmerspiegel zuhause zaubern...

Was hier kommt, ist ein modernes „Max & Moritz-Buch", an dem sowohl Kinder als auch Erwachsene ihren Spaß haben werden.
Für Momente einmal den grauen Alltag außen vor lassen:
„Miteinander-Lachen" und "Sich-Zusammen-Freuen" heißt das Motto dieses außergewöhnlichen Kinder-und Erwachsenenbuches.

Geschwister den Geschwistern, Tanten den Verwandten, Lehrer den Schülern und vielleicht auch umgekehrt, Geliebte den weniger Geliebten, Erwachsene den Kindern, Kinder den.....usw. mal einen tollen Streich spielen, sie aufs Glatteis führen, wer hat da nicht schon von geträumt??!! Aber woher die Ideen nehmen?

Zielgruppe/Einsatzmöglichkeiten: Kinder ab ca. 7 Jahren, Kinder- und Ferienfreizeiten, als Geschenk für Kinder, für Erwachsene, denen es angesichts dieser "Möglichkeiten" auch kräftig in den Fingern juckt, für "Erlebnis"-PädagogInnen.

Illustration: Silke Voigt

Format/Ausstattung: 80 S., 19 x 23 cm, s/w Illustrationen, br.

Preis: DM 26,-

ISBN: 3-925169-97-0

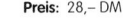